INTERNACIONALIZAÇÃO DAS EMPRESAS PORTUGUESAS E A CHINA

FERNANDA ILHÉU

Secretária-Geral da Câmara de Comércio e Indústria Luso-Chinesa
Vice-Presidente da EU-China Business Association
Professora no Instituto Superior de Economia e Gestão

INTERNACIONALIZAÇÃO DAS EMPRESAS PORTUGUESAS E A CHINA

INTERNACIONALIZAÇÃO DAS EMPRESAS PORTUGUESAS
E A CHINA

AUTOR
FERNANDA ILHÉU

Câmara de Comércio e Indústria Luso-Chinesa
Rua António Patrício, n.º 5, r/c B, Lisboa
Telef.: 217934284
Fax: 217934316
ccil.c@mail.telepac.pt

EDITOR
EDIÇÕES ALMEDINA, SA
Rua da Estrela, n.º 6
3000-161 Coimbra
Telef.: 239 851 904
Fax: 239 851 901
www.almedina.net
editora@almedina.net

PRÉ-IMPRESSÃO • IMPRESSÃO • ACABAMENTO
G.C. – GRÁFICA DE COIMBRA, LDA.
Palheira – Assafarge
3001-453 Coimbra
producao@graficadecoimbra.pt

Março, 2006

DEPÓSITO LEGAL
240250/06

Os dados e as opiniões inseridos na presente publicação
são da exclusiva responsabilidade do(s) seu(s) autor(es).

Toda a reprodução desta obra, por fotocópia ou outro qualquer processo,
sem prévia autorização escrita do Editor,
é ilícita e passível de procedimento judicial contra o infractor.

Com o patrocínio de

Investimentos Internacionais

NOTA DE ABERTURA

Decidiu a Direcção da Câmara de Comércio e Indústria Luso-Chinesa editar este livro que procura informar os empresários, gestores, académicos e todas as pessoas que se interessam pelo crescimento da economia global, pelo papel que a China tem já nesse crescimento e pela importância que a China pode ter para o processo de internacionalização das empresas portuguesas.

O apoio que a CCIL-C deu desde o início à realização da Tese de Doutoramento da Sr.ª Prof.ª Doutora Fernanda Ilhéu *"Oportunidades e Dificuldades para as Empresas Portuguesas Mercado Chinês: Factores que Condicionam o Comportamento Estratégico das Empresas Portuguesas na China"* insere-se numa política de obtenção e divulgação de informação e conhecimento sobre a China, que contempla vertentes operacionais, sobre as quais se debruça o trabalho diário que a CCIL-C desenvolve, mas também tem de ter uma vertente estratégica de aconselhamento das empresas sobre como entrarem e se posicionarem no mercado chinês.

A utilização do método científico na condução desta pesquisa permite-nos ter confiança nas conclusões obtidas, complementarmente a análise tem a preocupação de ter o pragmatismo que o sector empresarial necessita para poder utilizar este trabalho como suporte das suas decisões estratégicas. A realização deste livro teve ainda a preocupação de utilizar uma linguagem de leitura fluente e descodificada dos jargões académicos, que permite uma consulta prática a qualquer leitor.

Este livro, faz uma análise detalhada dos vários modelos de internacionalização que as empresas podem seguir e das estratégias mais comuns no marketing internacional e como tal será um livro, a ser lido por empresários, quadros superiores das empresas, académicos, que se encontrem relacionados com a problemática dos negócios e do marketing internacional. Mas a internacionalização é sobretudo uma atitude mental que terá que ser interiorizada por todas as pessoas no processo produtivo e comercial, na administração pública, no governo, nas associações empresariais, é um processo transversal que terá que mudar muitos comportamentos para ter sucesso.

O mercado chinês é hoje em dia considerado um mercado estratégico porque é lá que se vai jogar a sobrevivência e o crescimento de muitas empresas. Mas devido à complexidade do meio ambiente de negócios na China a sua abordagem apresenta muitas dificuldades e por isso deve ser profissionalizada, exige um grande conhecimento do mercado e muita experiência de gestão local e de negociação com os parceiros chineses, exige portanto que as empresas se preparem com tempo, com especialistas, que façam as suas equipes dando-lhes a necessária formação, que a gestão de topo esteja envolvida e controle todo o processo.

Estou seguro que a leitura deste livro muito contribuirá para o entendimento da minha preocupação que é a de sensibilizar todos os leitores para a importância que a China tem hoje no contexto empresarial e concordo com a afirmação do Comissário Europeu para o Comércio, Peter Mandelson no EU-China Business Forum em Janeiro de 2005 em Haia, *"Todos nós precisamos de ser especialistas na China, sobretudo no futuro da China porque isso é importante para todos nós"*.

Muitas empresas estrangeiras têm tido muito sucesso e muitas têm tido muito insucesso na China e portanto a minha preocupação, enquanto Presidente da CCILC, é contribuir para que as empresas portuguesas tenham uma abordagem correcta do mercado, minimizando riscos e maximizando oportunidades, e por isso, é com particular gosto, que recomendo a leitura deste livro.

Miguel Horta e Costa
Presidente da Câmara de Comércio e Indústria Luso-Chinesa

ÍNDICE

CAPÍTULO I
A GLOBALIZAÇÃO ECONÓMICA, COMPETITIVIDADE E A CHINA

1.1 – Introdução...	1
1.2 – A Globalização Económica e Competitividade	2
1.3 – A Globalização Económica e a China	4

CAPÍTULO II
A IMPORTÂNCIA DA CHINA PARA AS EMPRESAS PORTUGUESAS

2.1 – Importância da China para as Empresas Portuguesas...............................	9
2.1 – Presença das Empresas Portuguesas na China...	12

CAPÍTULO III
OBJECTIVOS DA INVESTIGAÇÃO, MODELO DE ANÁLISE E ESTUDO EMPÍRICO

3.1 – Objectivos da Investigação	17
3.2 – Metodologia da Investigação	18
3.3 – Modelo de Análise	19
3.4 – Estudo Empírico..	24

CAPÍTULO IV
AS EMPRESAS PORTUGUESAS E A CHINA

4.1 – Características das Empresas Portuguesas na China	29
4.2 – Filosofia de Negócios e Objectivos das Empresas Portuguesas na China	34
4.3 – Experiência das Empresas Portuguesas no Mercado Chinês	36
4.4 – Percepção da Importância do Mercado Chinês e dos Factores Cruciais de Sucesso ..	41

CAPÍTULO V
FACTORES QUE CONDICIONAM A ESCOLHA E O COMPROMISSO DAS EMPRESAS PORTUGUESAS NO MERCADO CHINÊS

5.1 – Globalização das Empresas Portuguesas e a China.................................	45
5.2 – Processo de Internacionalização das Empresas Portuguesas e a China.	46
5.3 – Factores que Condicionam a Escolha e Compromisso das Empresas Portuguesas no Mercado Chinês.	57

CAPÍTULO VI
O MODO DE ENTRADA NA CHINA

6.1 – A Escolha do Modo de Entrada	67
6.2 – Joint-venture ou WFOEs (Empresas com 100% Capital Estrangeiro)....................	70

6.3 – A Importância da Diáspora Chinesa na Realização de Negócios com a China 72
6.4 – A Importância de Macau e Hong Kong como Mercados "*Porta de Entrada*" na China 78

CAPÍTULO VII
ESTRATÉGIA DE MARKETING NA CHINA

7.1 – Factores que Condicionam a Estratégia Internacional 83
7.2 – Factores Sócio-Culturais que Condicionam a Estratégia na China 88
7.3 – Factores Político-Legais que Condicionam a Estratégia na China 96
7.4 – Factores Económicos que Condicionam a Estratégia na China 105
7.5 – Opções Estratégias Internacionais; Standardização versus Adaptação 110
7.6 – Estratégias de Sucesso na China 115

CAPÍTULO VIII
FACTORES QUE CONDICIONAM O COMPORTAMENTO ESTRATÉGICO DAS EMPRESAS PORTUGUESAS NO MERCADO CHINÊS

8.1 – Oportunidades, Dificuldades e Riscos para as Empresas Portuguesas no Mercado Chinês 123
8.2 – Factores que Condicionam o Comportamento Estratégico das Empresas Portuguesas na China 125
8.3 – Controlo da Gestão das Empresas Portuguesas com Investimentos na China 130

CAPÍTULO IX
DESEMPENHO E SATISFAÇÃO DAS EMPRESAS PORTUGUESAS NO MERCADO CHINÊS E INTENÇÕES DE INVESTIMENTO FUTURO

9.1 – Percepção do Sucesso e Satisfação das Empresas Portuguesas na China. 135
9.2 – Razões do Investimento das Empresas Portuguesas na China e Intenções Futuras .. 139

CAPÍTULO X
PARA UM MAIOR COMPROMISSO DAS EMPRESAS PORTUGUESAS COM O MERCADO CHINÊS

10.1 – Conclusões da Análise 143
10.2 – Contributos para uma Maior Presença das Empresas Portuguesas na China 152

ANEXO I
HIPÓTESES 157

ANEXO II
QUESTIONÁRIO 159

ANEXO III
RESULTADOS DA VERIFICAÇÃO DAS HIPÓTESES 171

LISTA DE QUADROS

Quadro 2.1 – Relações Económicas e Comerciais de Portugal com a China	13
Quadro 2.2 – Exportações de Portugal para a China	14
Quadro 2.3 – IDE da EU na China (15 países)(US$ Milhões)	15
Quadro 3.1 – Perfil Técnico da Amostra	26
Quadro 9.1 – Correlação entre a Percepção de Desempenho e a Percepção dos Factores Cruciais de Sucesso na China	138

LISTA DE FIGURAS

Fig. 2.1 – Evolução da Estrutura de Exportações Portugal para a China (%)	14
Fig. 3.1 – Processo de Investigação	18
Fig. 3.2 – Modelo de Análise	22
Fig. 4.1 – Nível Académico dos Inquiridos	29
Fig. 4.2 – Posição dos Inquiridos na Empresa	29
Fig. 4.3 – Dimensão das Empresas	30
Fig. 4.4 – N.º de Anos de Experiência das Empresas no Mercado Internacional	31
Fig. 4.5 – Percentagem do Mercado Internacional no Volume de Vendas das Empresas	31
Fig. 4.6 – Classificação Internacional das Empresas	31
Fig. 4.7 – Principais Sectores de Actividades das Empresas	32
Fig. 4.8 – Actividades Desenvolvidas no Mercado Internacional	33
Fig. 4.9 – Regiões do Mundo onde as Empresas Portuguesas têm Maior Compromisso (Média)	34
Fig. 4.10 – Vantagens Competitivas mais Importantes das Empresas Portuguesas no Mercado Internacional (Média)	34
Fig. 4.11 – Visão de Longo Prazo versus Visão de Curto Prazo	35
Fig. 4.12 – Exposição ao Risco	35
Fig. 4.13 – Forma de Propriedade de Capital	36
Fig. 4.14 – Principais Objectivos no Mercado Chinês	36
Fig. 4.15 – Número de Anos a Trabalhar no Mercado Chinês (Intensidade da Experiência)	37
Fig. 4.16 – Actividades no Mercado Chinês (Diversidade da Experiência)	38
Fig. 4.17 – Percentagem de Empresas com Escritórios na China	39
Fig. 4.18 – Percentagem do Mercado Chinês no Total do Volume de Vendas das Empresas	40
Fig. 4.19 – Tipo de Escritório na China	40
Fig. 4.20 – Estatuto Legal do Escritório na China	40
Fig. 4.21 – Percepção da Importância do Mercado Chinês	41
Fig. 4.22 – Percepção dos Factores Cruciais de Sucesso na China	42
Fig. 4.23 – Percepção dos Factores Cruciais de Sucesso na China. Gestores Portugueses versus Gestores Americanos	43
Fig. 5.1 – Estímulos Externos para Escolher o Mercado Chinês	58
Fig. 5.2 – Identificação dos Estímulos e Obstáculos	59
Fig. 5.3 – Importância do Apoio do Governo Português para Entrar no Mercado Chinês	59
Fig. 5.4 – Grau de Satisfação das Empresas Portuguesas com os Incentivos do Governo Português para Entrar no Mercado Chinês	60
Fig. 5.5 – Grau de Satisfação com o Apoio do Governo Português para Entrar no Mercado Chinês	60
Fig. 5.6 – Grau de Importância do Apoio do Governo Português por Tipo de Estímulo versus Grau de Satisfação com esses Estímulos	61
Fig. 5.7 – Sugestões de Apoio do Governo Português	62
Fig. 5.8 – Percepção de Macau como Estímulo para Escolher o Mercado Chinês	63
Fig. 6.1 – Escolha de Parceiros de Negócios na China	78
Fig. 6.2 – Importância de Macau e Hong Kong como *Porta de Entrada* na China (%)	80
Fig. 7.1 – Análise Inter-Cultural entre Portugal e China	95

Fig. 8.1 – Principais Factores Condicionantes do Meio Envolvente Chinês 125
Fig. 8.2 – Principais Dificuldades de Gestão na China, Resultantes do Meio Envolvente Chinês .. 126
Fig. 8.3 – Principais Factores Específicos das Empresas Portuguesas que Condicionam a Estratégia na China.. 127
Fig. 8.4 – Mais Importantes Dificuldades Específicas das Empresas Portuguesas no Mercado Chinês 128
Fig. 8.5 – Percepção das Vantagens Competitivas Locais das Empresas Portuguesas com Operações na China 129
Fig. 8.6 – Percepção dos Principais Erros no Lançamento da Presença na China 130
Fig. 8.7 – Percepção do Relacionamento entre a Gestão na China e a Administração em Portugal 132
Fig. 8.8 – Participação dos Escritórios na China no Processo de Negociações com o Governo Chinês 132
Fig. 9.1 – Percepção da Evolução do Desempenho 136
Fig. 9.2 – Percepção do Sucesso no Mercado Chinês (%)... 137
Fig. 9.3 – Percepção das Principais Razões de Sucesso (%)... 138
Fig. 9.4 – Satisfação com o Desempenho no Mercado Chinês 139
Fig. 9.5 – Razões do Investimento na China 140
Fig. 9.6 – Intenção de Aumentar o Investimento na China... 140

Capítulo I
A Globalização Económica, Competitividade e a China

1.1 - Introdução

"Os olhos de todo o mundo estão postos na China não só porque o país é grande e cresce rapidamente, mas porque afecta profundamente os resultados das empresas de todo o lado," Economist, 20-26 Março 2004.

A China *"come"* o Mundo, é o segundo importador de petróleo logo a seguir aos EUA e por cima do Japão, consome 50% do cimento mundial, 30% do aço, 20% do alumínio, 15% do ferro, 12% do cobre, 20% da soja, 10% da pasta de papel, a China provoca desemprego e destabiliza os preços mundialmente, isto é o que todas as pessoas vêem e por isso a China é considerada como uma ameaça e como tal falada nos meios de comunicação em todo o lado.

Mas a China é também uma oportunidade, o Japão por exemplo deve em parte a sua recuperação ao crescente mercado interno chinês, a China é agora o seu principal parceiro comercial depois dos EUA. O sector automóvel mundial deve o seu crescimento sobretudo ao crescimento do mercado chinês.

A China assume um crescente e importante papel na cadeia de fornecimentos global oferecendo a muitas empresas estrangeiras, taxas de rendibilidade muito satisfatórias e competitivas, feitas pela redução de custos de mão-de-obra e ganhos de economia de escala que as operações na China permitem.

Estes resultados afectam empresas em todo o mundo e estão a permitir às empresas que beneficiam destas vantagens, ganhar competitividade face à concorrência, uma vez que este acréscimo de margens lhes permite reforçar o investimento em P&D (Pesquisa & Desenvolvimento) lançamento de novos produtos, design, canais de distribuição internacionais, comunicação de consciência de marca ao nível global, etc.

Muitas empresas e muitos meios de comunicação perguntam: então que produtos e sectores constituem oportunidades para as empresas portuguesas? O problema que deve ser equacionado não é que produtos ou sectores constituem oportunidades, mas qual a abordagem que permite obter ganhos de competitividade e obter resultados positivos para as empresas não só na China mas também noutros mercados.

1.2 - A Globalização Económica e Competitividade

No cenário internacional actual as empresas estão inevitavelmente a lidar com clientes, concorrentes e fornecedores estrangeiros mesmo dentro das suas próprias fronteiras. Novas tecnologias de informação e comunicação, permitem que os produtos e serviços sejam vistos, experimentados de qualquer maneira conhecidos na maior parte do mundo num intervalo de tempo muito pequeno, isto actua como um agente de mudança diminuindo as diferenças culturais e conduzindo os mercados para uma comunidade convergente.

Num meio ambiente de melhoria das tecnologias de transporte e comunicação, de diminuição das barreiras comerciais resultante da liberalização dos mercados internacionais e da integração regional de mercados, cada vez mais empresas pensam em termos de criar produtos para o mercado mundial e produzi-los a uma escala global.

A estratégia competitiva de hoje orientada pelo consumidor enfatiza a satisfação do cliente através da entrega de valor o que leva à diferenciação e à rápida inovação de produtos, encurtando o ciclo de vida destes. Por outro lado as despesas cada vez mais elevadas em pesquisa e desenvolvimento necessitam de grandes mercados para serem pagas em pequenos períodos de tempo.

Esta perspectiva dedica especial atenção à interdependência entre os mercados nacionais empregando uma estratégia de marketing global com o objectivo de atingir economias de escala no desenvolvimento tecnológico, produção e marketing e desenvolve um *"marketing-mix"* standardizado, apenas com pequenas adaptações aos requisitos locais quando necessário. Correntemente significativos segmentos de mercado são considerados com procura homogénea para o mesmo produto transversalmente à volta do mundo.

As empresas tentam vender o mesmo produto, da mesma maneira a consumidores com semelhanças ao nível mundial. Nesta lógica de standardização o mundo está a tornar-se um mercado comum onde a maioria das pessoas deseja os mesmos estilos de vida e produtos. Tecnologias de comunicação integram os produtores nos processos de *"network"* dos fornecedores e dos estilos de vida dos clientes.

Através da expansão da sua presença no estrangeiro, o que é chamado configuração internacional, a empresa pode beneficiar de economias de escala e âmbito, ter acesso a novos clientes, entrar em mercados com maior potencial, obter outras vantagens nomeadamente capacidades no estrangeiro. Estas capacidades podem ter a forma de processos menos dispendiosos ou mais efectivos, mão-de-obra com custos menores ou posse de activos intangíveis como marca, tecnologia ou capacidade de gestão. Ao internalizar as vantagens da sua presença no exterior as empresas serão mais competitivas em muitos mercados incluindo o seu mercado interno.

Nesta perspectiva para conseguir eficiência e flexibilidade a empresa global tem de ter acesso às localizações mais apropriadas para o desempenho das várias actividades da cadeia de valor, integrando num *"network"* interdependente de operações, a nível mundial, os recursos e actividades dispersas incluindo as fontes de capital optimizadas, o que se chama globalização do capital.

Hoje em dia muitas actividades de negócios são globais no seu âmbito, finanças, tecnologia, pesquisa, capital e planos de investimento, produção, facilidades e *"networks"* de distribuição, todos têm uma dimensão global, o que a nível mundial determina uma interdependência entre países de fluxos de conhecimento, capital, bens e serviços o que significa o processo de globalização económica.

As vantagens que a globalização oferece às empresas é uma potencialidade para gerar benefícios, produtividade e riqueza ao nível global, uma rápida divulgação da inovação e economias de escala, é olhar para o mundo e comprar o mais barato possível, deslocalizar para onde as vantagens competitivas são maiores e vender onde e da forma que permite o máximo de receitas.

Este processo de integração de valor ao nível global trás para algumas regiões mais comércio e mais investimento, permitindo uma aceleração do crescimento económico como por exemplo nos BRICs (Brasil, Rússia, Índia e China) mas também divide os países de uma maneira cada vez mais extremada em dois grupos os que têm salários baixos e se especializam em produtos de mão de obra intensiva e os que têm salários altos e se especializam em produtos de capital intensivo, os que estão no meio termo têm cada vez mais dificuldade em sobreviver e essa é uma desvantagem da globalização.

Mas a principal desvantagem para as empresas é não conhecer e não enfrentar os novos paradigmas da competitividade e do desenvolvimento económico inerentes ao processo de globalização em curso.

1.3 - A Globalização Económica e a China

A China é um mercado onde o *"trade off"* destas capacidades é muito atractivo, uma vez que o país oferece mão-de-obra abundante com salários baixos e uma produtividade crescente, uma implantação a custos razoáveis, um mercado muito grande com um potencial enorme, e procura tecnologia, marcas, gestão profissional, *"know-how"* e experiência internacional e necessita de equipamentos, matérias primas, energia, componentes.

A China pode de facto ser uma grande ameaça para alguns sectores. O que fazer é transformar a ameaça em oportunidade. A China converteu-se numa ameaça para o Ocidente mas transforma-se numa oportunidade, quando as empresas ocidentais passam a investir na China apropriando-se das suas vantagens competitivas locais.

Quem beneficia mais destes investimentos são as empresas que têm vantagens competitivas próprias, como design, marca, tecnologia, redes de distribuição internacionais, comunicação internacional.

A estratégia das empresas ocidentais tem sido, primeiro comprar na China e depois investir lá, claro que isto causa desemprego, mas a China jogará um papel de ajuste social, porque exporta produtos baratos mas tem uma crescente classe média que devora bens de consumo. Isto só será possível na medida em que a China cumpra o acordo de adesão que assinou com a OMC (Organização Mundial de Comércio), abrindo o seu mercado interno às empresas estrangeiras que poderão então passar livremente à terceira parte da sua estratégia que é também fornecer o próprio mercado interno chinês com produtos fabricados na China ou importados.

Neste contexto a China é considerada por si só a mais importante oportunidade de crescimento da economia global, e espera-se a sua adesão à OMC, torne o mercado chinês mais transparente e mais acessível tornando-o no motor do processo de globalização em curso.

A China está a crescer rapidamente e é um país enorme com muito potencial, registando um rápido e sustentado desenvolvimento económico com uma taxa média de crescimento do PIB de cerca de 10% nos últimos vinte anos e um crescimento verificado do comércio externo de em média cerca de 15% ao ano no mesmo período.

Se o crescimento económico continuar a crescer ao ritmo dos últimos cinco anos e as previsões do Banco Mundial apontam nesse sentido, a economia da China aproximar-se-á da dimensão da economia alemã em 2008.

O ATKearney Index, 2002, coloca pela primeira vez, a China como a escolha mais atractiva para destino de IDE (Investimento Directo Estrangeiro) ultrapassando os EUA, o que tem sido uma posição sustentada desde essa altura, tendo a China presentemente a liderança mundial na recepção de IDE, com US$ 53,5 biliões em 2003 e US$ 60,6 biliões em 2004, sendo 70% deste valor feito em fábricas.

Na China o investimento estrangeiro e o comércio externo estão fortemente correlacionados, em 2004 as exportações produzidas pelas FIEs (Empresas com Capital Estrangeiro) representavam 57% do total das exportações e 58% do total das importações.

Grande parte das exportações da China são resultantes do reprocessamento de materiais e componentes que são importados livres de taxas alfandegárias, está calculado que 41% das importações são feitas por unidades de processamento de exportações o que mostra a integração da China na integração da cadeia de fornecimentos global.

Presentemente a maior percentagem da produção das FIEs é exportado, por exemplo 42% da produção da Hewlett-Packard na China é exportada e o mesmo acontece com 42% da Hitachi's e 45% da Motorola e 49% da Whirlpool, de uma maneira geral pode dizer-se que 40 a 50% das exportações mundiais das multinacionais são produzidas na China, mas a previsível abertura do mercado interno reforçará a atracção do IDE visando também as vendas nesse próprio mercado.

Confecções e têxteis não são os únicos sectores onde as quotas de mercado mundiais da China são importantes, hoje, a China produz entre outros, 24% das máquinas de lavar, 30% dos aparelhos de ar condicionado e 16% dos frigoríficos que se vendem a nível mundial, 75% dos brinquedos, etc.

Também a qualidade de produtos tradicionalmente exportados pela China está a melhorar, marcas famosas como Esprit, Benetton, Calvin Klein, Christian Dior, Boss, Ted Lapidus, Sony, Toshiba, Kodak, Nec, Fujitsu são agora produzidas na China não só porque o custo é baixo mas a qualidade do trabalho também é aceitável.

As universidades chinesas estão a educar um grande número de licenciados, para referir que anualmente aproximadamente meio milhão de cientistas e engenheiros se formam, fornecendo um enorme banco de talentos para P&D e operações de produção.

Isto está a atrair o investimento de empresas de alta tecnologia que estão a mover os seus centros de P&D para a China. Por exemplo a Motorola anunciou recentemente US$ 1 bilião para ser gasto na China em pesquisa e desenvolvimento nos próximos cinco anos, a Alcatel acaba de se juntar a um fundo chinês de capital, o New Margin, para investir US$ 18 milhões em inovação no sector das telecomunicações, a Ericsson investiu cerca de US$ 200 milhões em P&D, a Philips planeia mudar para a China um dos seus principais centros globais de P&D, e as IBM, Microsoft, Bayer, entre mais de quarenta e cinco multinacionais estabeleceram centros regionais ou globais de P&D em Shanghai.

O governo chinês está a encorajar os seus campeões nacionais, a usar as suas vantagens competitivas como líderes no mercado chinês, baseadas em competitividade de custos e economias de escala para construir marcas globais.

Um bom caso de sucesso é o grupo Haier, um grupo diversificado que emprega mais de 20 000 trabalhadores no Parque Industrial de Qingdao e produz mais de 80 produtos de linha branca. Em 2001, a Haier tinha 6% do mercado global de frigoríficos, 5,8% das máquinas de lavar, 2,8% dos micro ondas. Outros exemplos a seguir com atenção são a Gallant que fabricava cerca de 40% dos micro ondas do mundo, a China International Marine Containers (CIMC) que tinha 40% do mercado global para contentores refrigerados, a Huawei com 3% do mercado global de "*routers*", a Lenovo (Legend) com 20% do mercado mundial de "*motherboards*", a BYD Batteries com 39% do mercado global de baterias em equipamentos eléctricos, 72% de baterias para telemóveis e 38% de baterias para brinquedos.

Deveremos também referir a evolução do sector de turismo, a Organização Mundial de Turismo previu que o crescimento médio anual de turismo "*outbound*" seja de 12,5% no período 1995-2020, o que é três vezes a taxa de crescimento do turismo mundial no mesmo período. A China deverá ter em 2020, 100 milhões de turistas "*outbound*", o que a transformará no 4º país emissor de turistas no mundo.

Com o acesso à OMC os fluxos de IDE para operações de processamento destinadas à exportação vão reforçar o papel da China como plataforma exportadora, porque os requisitos para exportação já foram eliminados e os direitos comerciais estão a ser vastamente alargados, a MOFCOM (Ministério do Comércio Externo), começou recentemente a emitir licenças para as FIEs e as empresas chinesas não estatais realizarem comércio internacional.

De facto o pacote de acesso acordado com a OMC de liberalização da economia chinesa acabará com barreiras não alfandegárias e reduzirá consideravelmente as tarifas. Em média as tarifas em produtos importados deverão cair de 24,3% para cerca de 7%.

Mas o pacote de acesso é uma via com dois sentidos, se a China está a abrir o seu mercado ao mundo, o mundo está a abrir-se à China, nesta perspectiva os desafios mais importantes vão registar-se no sector de têxteis e confecções, uma vez que o sistema de quotas imposto pelo MFA (Acordo Multifibras) que restringe a exportação da China nestes produtos acabou no início de 2005, e quaisquer cláusulas de salvaguarda introduzidas no período subsequente e previstas no acordo da adesão entre a China e a OMC só poderão ser aplicadas até 2008.

As previsões do Banco Mundial foram no sentido da quota de mercado mundial da China em 2005, em confecções deverá situar-se pelo menos nos 47,1%, e este aumento terá reflexos na importação de têxteis que deverão crescer cerca de 272% prevendo-se que a quota mundial de importações da China deste produto passe a ser de 25,4%.

Com o acesso à OMC em 2005, as quotas mundiais de importação da China para tabaco e bebidas deverão passar a ser de 16,2%, as de produtos electrónicos 5,7%, as de automóveis 4,8%, as de madeira e papel 4,6%, e nas quotas mundiais de exportação é esperada uma posição muito relevante da China, nomeadamente: 75% dos brinquedos, 29% dos telemóveis, 9,8% dos fornecimentos de produtos electrónicos, 6,5% de metais, 3,4 % de produtos petroquímicos, 3% da madeira e papel. No total com a implementação do acordo, a quota mundial de exportações da China deverá passar a ser de 6,8% e a quota mundial de importações 6,6%.

Bibliografia

- A.T.Kearney, 2000, 2001, 2002, 2003, FDI Confidence Index, Global Business Policy Council, Vols.3, 4, 5, 6, www.A.T.Kearney.com
- A.T.Kearney, 2003, Winning the China FMCG Market, www.A.T.Kearney.com
- Baker e McKenzie (Survey), 1994, Doing Business with China, Reuvid, Jonathan, consultant editor, London: Kogan Page Ltd.
- Bradley, Frank, 2002, International Marketing Strategy 4th, FT Prentice Hall
- Cateora, Philip R. e John L.Graham, 2001, Marketing International, 10th, Irwin McGraw-Hill.
- Cui, G. e Q. Liu, 2000, Journal of International Marketing, Vol. 9(1), pp.84-106.
- Deloitte Research, 2003, The World's Factory: China Enters the 21$^{st.}$ Century, pp.1-26, www.de.com/research.
- Doz, Y, J. Santos, e P. Willimson, 2001, From Global to Metanational, Harvard Business School Press
- Economist, 2002, June 13th, A Dragon Out of Puff, Survey China, www.economist.com/surveys
- Economist Intelligence Unit (EIU), 2001, 2002, 2003, 2004, Country Report, China
- Govindarajan, V. e A. Gupta, 2000, Analysis of the Emerging Global Arena, European Management Journal, Vol.18 (3), pp.274-284.
- Govindarajan, V. e A. Gupta, 2001, The Quest for Global Dominance, Jossey Bass.
- HBR (Harvard Business Review), 2003, October, Spotlight: China Tomorrow, Vol. 81 (10), p.69.
- Ianchovichina, E. e W. Martin, 2001, Trade Liberalization in China's Accession to the World Trade

- Organization, World Bank, June, www.econ.worldbank.org
- Ianchovichina, E. e T. Walmsley, 2003, The Impact of China´s WTO Accession on East Asia, World Bank, Policy Research Working Papers, Economic Policy Divison, August, www.eco.worldbank.org
- Ilhéu, Fernanda, 2002, Opportunities and Obstacles for Portuguese Companies in the Chinese Market, Investigation Project, Diploma de Estudos Avanzados, Universidade de Sevilha.
- Ilhéu, Fernanda, 2005, "Opportunities and Obstacles for Portuguese Companies in Chinese Market: Constraining Factors of Portuguese Companies Strategic Behavior in China, Tese de Doutoramento, Universidade de Sevilha.
- InterChina Consulting, 2004, Opportunities in the Chinese Market, pp.4-54
- Knight, A. Gary e S. Tamar Cavusgil, 2004, Innovation, Organizational Capabilities, and the Born-Global Firm, Journal of International Business Studies, Online Publication, 8 January, pp.124-141.
- Kotler, Philip, Michael A. Hamlin, Irving Rein e Donald H. Haider, 2002, Marketing Asian Places, Attracting Investment, Industry and Tourism to Cities, States and Nations, John Wiley and Sons (Asia) Pte, Ltd.
- Lamy Pascal, 2002, October 17th, speech at the European Chamber of Commerce, Beijing.
- Levitt, Theodore, 1983, The Globalization of Markets, Harvard Business Review, May – June, p.92-102.
- Lieberthal, K. e G. Lieberthal, 2003, The Great Transition, Harvard Business Review, Vol. 81 (10), pp.71-81.
- Liu, H. e K. Li, 2002, Strategic Implications of Emerging Chinese Multinationals: The Haier Case Study, European Management Journal, Vol. 20, N°6, pp.699-706.
- Melin, Leif, 1997, Internationalization as a Strategy Process, in Strategic Management in a Global Economy, Wortzel, H.V. and L. H. Wortzel, John Wiley and Sons, Inc., pp.72-93.
- Panitchpakdi, S. e M.L, Clifford, 2002, China and the WTO, Changing China Changing World Trade, John Wiley e Sons (Asia) Pte ltd.
- Porter, Michael E., 1986, Competition in Global Industries, Harvard Business School Press, Boston, MA
- Story, Jonatham, 2003, China the Race to Market, Prentice Hall, Financial Times.
- Woetzel, R. Jonathan, 2003, Capitalist China, Strategies for a Revolutionized Economy, John Wiley and Sons (Asia) Pte Ltd.
- Woetzel, R. Jonathan, 2004, A Guide to Doing Business in China, McKinseyQuarterly, August, www.mckinseyquarterly.com
- World Tourism Organization, 2002, ETC Joint Research on China, Study into Chinese Outbound Tourism
- Wu, Yibing, 2003, China's Refrigerator Magnate, McKinsey Quarterly, 2003, Number 3.
- Zeng, M. e P.J. Williamson, 2003, The Hidden Dragons, Harvard Business Review, Vol. 81(10), pp.97-99.

Capítulo II
A Importância da China para as Empresas Portuguesas

2.1 - Importância da China para as Empresas Portuguesas

Neste contexto a questão que se levanta é como é que este fenómeno pode ser importante para as empresas portuguesas.

Os principais motivos para aumentar a presença das empresas portuguesas na China são:

1. Estabilidade – defesa dos seus mercados interno e internacional
2. Crescimento – plataforma exportadora e mercado interno chinês
3. Competitividade – internalização das vantagens competitivas tais como custos e economias de escala
4. Transferência de tecnologia

O investimento directo estrangeiro é em muitos casos o melhor modo de entrada na China para tirar partido completo das oportunidades que a China oferece e um passo necessário para as empresas ganharem competitividade, não só no mercado chinês, mas também no seu mercado interno e internacional.

O modelo de industrialização chinês e a competitividade do mercado de trabalho estão a atrair encomendas de compradores internacionais, que costumavam vir a países como Portugal comprar e os produtos feitos na China estão a provocar uma forte concorrência no mercado interno português, então as empresas que desenvolvam as suas actividades industriais e comerciais na China estão a ganhar primeiro que tudo estabilidade.

Ao deslocar parte da sua cadeia de valor para a China, baixando os preços suficientemente, as empresas portuguesas irão obter uma diferença competitiva nos mercados interno e internacional. Isto pode ser feito num largo número de sectores tais como têxteis, mármores e granito, calçado, componentes eléctricas, moldes de plástico, ferramentas, etc.

O preço a pagar por não estar presente na China é permitir às empresas concorrentes das empresas portuguesas construírem ali importantes bases de operações para fornecer os seus clientes em todo o mundo.

Mas as empresas ao investir na China estão também a criar condições para crescerem ao internalizarem as vantagens competitivas locais e reunirão condições para simultaneamente utilizar a China como uma plataforma exportadora e penetrar no mercado chinês.

A presença directa numa base de produção na China constitui uma plataforma exportadora para fornecer compradores em terceiros países nomeadamente na Ásia, os acordos AFTA - Asean Free Trade Area (Asean + Coreia do Sul + Japão + China) que prometem a implementação em 10 anos de uma zona livre de comércio com 1,8 biliões de pessoas e CEPA - Closer Economic Partnership Agreement, outra zona de comércio livre entre a China, Macau e Hong Kong, permitirá às empresas portuguesas criar dimensão e consolidar a sua presença no mercado internacional.

O processo de liberalização resultante da adesão da China à OMC, torna o mercado interno chinês numa nova oportunidade, de facto com a redução progressiva das taxas de importação nos próximos anos, os preços dos produtos importados irão baixar e o poder de compra dos consumidores chineses irá aumentar.

Empresas de todos os tipos e dimensões estão a tomar consciência do tremendo potencial do mercado chinês, a atracção que 1,3 biliões de consumidores é irresistível, então os olhos de qualquer fabricante internacional estão agora fixados na China, o maior mercado potencial do mundo.

A atracção do mercado de consumo chinês está a aumentar à medida que o rendimento disponível das cidades aumenta, mas a China é um mercado fragmentado, diferenças significativas existem através do país, das zonas rurais para as cidades e das cidades da costa para as do interior, existindo cidades como Shanghai e Beijing que têm um PIB per capita superior a US$ 3000 e outras no interior que sobrevivem com menos de US$ 700.

As zonas urbanas representam 43% da população, 58% do rendimento disponível e 84% PIB, o mercado de consumo está presentemente concentrado nestas áreas. Como consequência as empresas estrangeiras têm focado até agora, principalmente os consumidores vivendo em cidades ao longo da costa, no Norte, Este e Sul da China.

As empresas portuguesas que pretendem exportar para a China deverão ter em consideração que até agora as importações estão sobretudo concentradas em matérias primas, componentes, equipamentos e tecnologia necessária para modernizar a China.

No entanto as importações de bens de consumo têm aumentado nos últimos anos, embora de uma forma controlada, mas o acordo de adesão à OMC forçará a China a abrir o seu mercado interno progressivamente aos exportadores estrangeiros em praticamente todos os sectores até ao fim de 2006.

Utilizando um critério, baseado no rendimento per-capita, que considera como consumidor uma pessoa com um rendimento anual superior a US$1000, podemos considerar 20% da população chinesa como consumidora e embora seja uma pequena percentagem é já um mercado muito interessante com 260 milhões de pessoas.

A estrutura do mercado é em forma de pirâmide com um grande segmento com baixo poder de compra, uma pequena classe média e um segmento de elevado poder de compra, Cui e Liu, 2001.

Este segmento de elevado poder de compra com 5 a 9% da população embora sendo uma pequena percentagem é já importante com cerca de 65 a 117 milhões de pessoas que compram produtos estrangeiros, podem comprar a maioria dos bens de consumo, são orientados pelas marcas, estão habituados a uma vasta escolha no mercado, esperam constantemente novos produtos, têm pouca lealdade às marcas o que torna o mercado muito competitivo.

Este tipo de consumidores vive sobretudo em Beijing, Shanghai, Guangzhou e Shenzhen, nestas cidades as marcas globais e chinesas têm já uma presença importante. A diferenciação da oferta é muito importante nestas cidades e o sucesso depende do uso da comunicação *"push-and-pull"* (promoção e publicidade), infra-estru -turas tácticas de distribuição e inovação de novos produtos.

Outras mudanças significativas que estão a tornar o mercado chinês muito prometedor é a abertura aos estrangeiros de sectores como distribuição, telecomunicações, banca, seguros, comércio e turismo isto cria claramente novas oportunidades para o IDE em sectores com enorme impacto na modernização do mercado e satisfação dos consumidores.

Ao maior mercado potencial de consumo e plataforma exportadora permitindo economias de escala está aliada uma imensa e muito competitiva força de trabalho, uma vez que os salários na China são por exemplo menos 20% que nas Filipinas, um terço dos da Malásia e um quarto dos da Tailândia e 75% dos da Hungria e o número de trabalhadores é de cerca de 760 milhões.

A penetração no mercado chinês via IDE muitas vezes com parceiros locais contribui para uma eficiente transferência de tecnologia e é em muitos casos a única maneira de realizar essa transferência.

A indústria portuguesa não pode competir mais num modelo de competitividade baseada em salários baixos. A análise estatística do comércio externo português apresenta ainda uma grande concentração de exportações num número limitado de *"clusters"* tradicionais particularmente nos *"clusters"* dos têxteis, calçado, produtos florestais, entre outros, que têm sido bem sucedidos nos mercados de exportação. Os novos *"clusters"* de exportação como por exemplo o do sector automóvel estão muito dependentes das multinacionais.

Os estudos sobre a competitividade em Portugal realizados por Michael Porter, 1994, 2002, recomendam que as empresas portuguesas se especializem no tipo de actividades nas quais já têm experiência, *"know-how"* e mercado. Mas as empresas portuguesas só poderão ser competitivas se concentrarem em Portugal as actividades com maior valor acrescentado tais como P&D, design, marca e produção de produtos inovadores, assim como o controlo dos canais de distribuição internacionais, deslocando parte da sua produção para países com baixos custos em sistema de *"outsourcing"* ou através de IDE.

A China pela sua ligação ao desenvolvimento global e pela sua competitividade, constitui um parceiro estratégico e Portugal tem assim fortes motivos para aumentar a sua presença neste país.

2.1 - Presença das Empresas Portuguesas na China

Apesar da demonstrada importância da China na economia mundial, a presença das empresas portuguesas no mercado chinês é pouco significativa, seja pela via das exportações, do licenciamento ou do investimento directo estrangeiro.

Para um melhor conhecimento das empresas portuguesas na China foram analisadas as empresas portuguesas que há mais de 3 anos trabalham o mercado chinês como exportadoras e investidoras. Nesta análise pretendeu-se eliminar as empresas que apenas efectuaram operações esporádicas com o mercado chinês, assim a análise feita em 2004 baseou-se nas listas de empresas exportadoras do Icep de 2001.

De acordo com informação do INE e Icep, existiam em 2001, em Portugal, 17721 empresas exportadoras, mas somente 293 foram identificadas como exportadoras para a China.

A análise feita por inquérito escrito foi procedida de chamadas telefónicas e nestes contactos iniciais pôde concluir-se que várias empresas exportam com nomes de diferentes fábricas pertencentes ao mesmo grupo económico, 61 empresas eram multinacionais com sucursais em Portugal, 38 tinham cessado a sua actividade económica, 70 empresas tinham enviado amostras para a China sem sucesso, outras empresas tinham feito exportações experimentais que não tiveram sequência, outras eram empresas importadoras que tinham enviado amostras, outras empresas ainda eram subcontratadas de empresas como Benetton, Adidas, Nike, apenas produzem para elas e enviam as mercadorias para todo o mundo incluindo a China de acordo com essas encomendas mas não têm qualquer conhecimento da China nem nenhuma actividade de marketing de exportação para este mercado.

No total foram identificadas 97 empresas ou grupos económicos portugueses que activamente trabalham a China como mercado alvo para exportação.

De referir também a forte dependência em valor das empresas multinacionais na exportação de Portugal para a China, na lista do Icep das 50 maiores empresas exportadoras para o mercado chinês, 26% são multinacionais, como Siemens, Bosh, Philips, entre outras. Se considerarmos as 20 maiores exportadoras, 55% são multinacionais e são as que mais contribuem para o total dos fluxos de exportação de Portugal para a China.

Apesar do valor das exportações portuguesas para a China ter registado uma tendência de crescimento de cerca de 25% no período de 2000-2004, os valores verificados são ainda muito baixos, sendo o valor mais alto registado inferior a €150 milhões, e a balança comercial tem sido sempre altamente deficitária, ver Quadro 2.1.

Quadro 2.1 - Relações Económicas e Comerciais de Portugal com a China

	2000	2001	2002	2003	2004	Evolução[a]
Exportação	52.724	60.126	80.603	149.661	101.056	25,32%
Importação	382.497	350.985	344.639	371.507	458.503	5,29%
Saldo	(329.773)	(290.859)	(264.036)	(221.846)	(357.447)	
Coef.Cob.%	13,78%	17,13%	23,39%	40,28%	22,04%	

Fonte: Icep
Notas: Unidade: Milhares de Euros
   (a) Média aritmética das taxas de crescimento anuais no período 2000-2004

Os fluxos de exportação estão concentrados em 3 ou 4 grupos de produtos, fundamentalmente, equipamentos eléctricos e mecânicos, cortiça e ciclicamente pasta de papel, além de que se verificam taxas de crescimento instáveis, sendo que em alguns casos se pode concluir por exportações ocasionais.

Os grupos de produtos com uma presença mais consistente são de facto a cortiça e produtos de cortiça e os equipamentos mecânicos. A exportação de equipamentos eléctricos que está muito dependente das empresas multinacionais, diminuiu dramaticamente em 2004, o que pode revelar um movimento de deslocalização da produção em Portugal, ou fornecimentos esporádicos. Em 2004 verificou-se o aumento da presença no mercado chinês de produtos tradicionais portugueses, como mármores e granito, ver Quadro 2.2 e Fig.2.1.

Quadro 2.2 - Exportações de Portugal para a China

P.P	Artigos	2002	%	2003	%	2004	%
85	Máquinas e aparelhos eléctricos e suas partes	35.656	44,24	93.749	62,64	21.282	21,06
84	Reactores nucleares, caldeiras, máquinas e aparelhos mecânicos	8.739	10,84	13.045	8,72	17.825	17,64
45	Cortiça e produtos de cortiça	9.789	12,14	9.823	6,56	11.561	11,44
25	Pedras (mármores e granito), gesso etc.	2.683	3,33	4.592	3,07	8.214	8,13
30	Produtos farmacêuticos	2.366	2,94	3.153	2,11	703	0,70
47	Pasta de papel	1.953	2,42	1.279	0,85	11.163	11,05
72	Ferro fundido, ferro e aço	158	0,20	542	0,36	4.507	4,46
39	Plásticos e suas obras	3.313	4,11	1.743	1,16	637	0,63
87	Veículos automóveis, tractores, ciclos e outros veículos terrestres, partes	1.762	2,19	1.438	0,96	1.491	1,48
55	Fibras sintéticas	373	0,46	650	0,43	1.106	1,09
29	Produtos químicos orgânicos	1.653	2,05	51	0,03	83	0,08

Fonte: Icep
Unidade: Milhares de Euros

Fig.2.1 - Evolução da Estrutura de Exportações Portugal para a China (%)

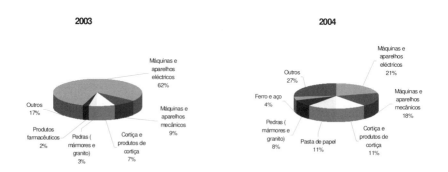

Fonte: CCIL-C, 2005.

Podemos concluir que poucas empresas portuguesas estão a trabalhar no mercado chinês, que o valor das exportações portuguesas para este mercado é muito baixo, concentrado em poucos grupos de produtos e muito dependente das multinacionais.

É importante referir, que embora Portugal tenha algumas quotas de mercado interessantes no mercado internacional, sendo por exemplo o terceiro exportador europeu de calçado e o líder mundial de produtos de cortiça, este posicionamento não tem nenhum reflexo no seu negócio com a China.

No que diz respeito ao IDE de Portugal na China e de acordo com as estatísticas do MOFCOM de 1979 até ao fim de 2004, o valor realizado dos fluxos de investimento directo das empresas portuguesas na China foi de US$ 106,33 milhões, um valor pequeno em termos absolutos e relativos. De acordo com a lista divulgada pelo Icep em 2004, somente 16 empresas portuguesas tinham escritórios ou fábricas na China, o que também pode indiciar que muitos dos projectos aprovados ao longo deste período, no total de 97, não tiveram sucesso, ver Quadro 2.3.

Quadro 2.3 - IDE da EU na China (15 países)(US$ Milhões)

País	2004 N.º de Projectos	2004 Valor Contratado	2004 Valor Utilizado	Até ao fim de 2003 N.º de Projectos	Até ao fim de 2003 Valor Contratado	Até ao fim de 2003 Valor Utilizado	Total N.º de Projectos	Total Valor Contratado	Total Valor Utilizado
Alemanha	608	2281.99	1058.48	3504	15713.01	8850.64	4112	17995	9909.12
França	488	1229.70	656.74	2302	7914.83	6147.66	2591	9144.53	6804.4
Itália	358	1077.19	280.82	2137	3814.26	2545.55	2495	4891.45	2826.37
Holanda	199	991.65	810.56	1254	9925.9	5063.64	1453	10917.55	5874.2
Bélgica	44	142.29	82.09	470	1075.3	671.97	514	1217.59	754.06
Luxemburgo	19	136.88	28.78	96	604.09	282.2	115	740.97	310.98
Reino Unido	488	1283.72	792.82	3856	20842.1	11437.97	4344	22125.82	12230.79
Irlanda	21	11.25	4.56	61	129.04	45.12	82	140.29	49.68
Dinamarca	45	184.63	65.71	267	1412.17	519.48	312	1596.8	585.19
Finlândia	24	29.65	28.01	181	612.38	385.3	205	642.03	413.31
Suécia	70	219.96	120.70	575	1267.26	930.74	645	1487.22	1051.44
Austria	83	264.36	97.61	573	1036.02	442.75	656	1300.38	540.36
Grécia	3	-2.01	28.19	47	109.24	30.3	50	107.23	58.49
Espanha	155	478.99	150.75	755	1357.61	445.99	910	1836.6	596.74
Portugal	17	31.64	33.22	80	129.22	73.11	97	160.86	106.33
Total	2423	4506.93	3709.82	16158	55581.18	30232.33	18581	60088.11	33942.15

Fonte: MOFCOM

No seu processo de internacionalização os empresários portugueses têm investido com sucesso em vários países como por exemplo no Brasil, tendo Portugal sido o 5º investidor neste mercado no período 1996-2001, com posições fortes em diferentes sectores como telecomunicações, turismo, agricultura, indústria ligeira e pesada e distribuição, embora a China seja considerada mais atractiva que o Brasil a curto e longo prazo, A.T.Kearney 2001, isso não parece entusiasmar os empresários portugueses.

Bibliogafia

- A.T.Kearney, 2001, FDI Confidence Index, Global Business Policy Council, Vols.3, 4, 5, 6, www.A.T.Kearney.com
- CCIL-C, 2005, Relatório Anual da CCIL-C 2004.
- CEPA, 2004, www.tdctrade.com/cepa , www.economia.gov.mo
- Cui, G. e Q. Liu, 2000, Journal of International Marketing, Vol. 9(1), pp.84-106.
- ICEP, Foreign Trade Statistics.
- ICEX, 1998, Business Guide of China.
- Ilhéu, Fernanda, 2002, Opportunities and Obstacles for Portuguese Companies in the Chinese Market, Investigation Project, Diploma de Estudos Avanzados, Universidade de Sevilha.
- Ilhéu, Fernanda, 2005, "Opportunities and Obstacles for Portuguese Companies in Chinese Market: Constraining Factors of Portuguese Companies Strategic Behavior in China, Tese de Doutoramento, Universidade de Sevilha.
- INE- Estatísticas, 2001 - 2004
- MOFCOM Foreign Trade Statistics and Investment Statistics.
- Porter, Michael E., 1994, Construir as Vantagens Competitivas de Portugal, (Monitor Report), Cedintec.
- Porter, Michael E., 2002, June 17th, Portuguese Competitiveness, DN Conference, Lisbon.
- Woetzel, R. Jonathan, 2003, Capitalist China, Strategies for a Revolutionized Economy, John Wiley and Sons (Asia) Pte Ltd.
- Woetzel, R. Jonathan, 2004, A Guide to Doing Business in China, McKinseyQuarterly, August, www.mckinseyquarterly.com

Capítulo III
Objectivos da Investigação, Modelo de Análise e Estudo Empírico

3.1 - Objectivos da Investigação

Perante a constatação dos factos acima referidos, a importância da China no processo de globalização em curso, a importância da China para as empresas portuguesas e a pouca presença de Portugal na China, as perguntas que daí decorrem são: porquê que os empresários portugueses não parecem comprometidos com o mercado chinês?, porquê que até ao presente as empresas portuguesas não conseguiram realizar uma estratégia de sucesso para entrar nos negócios na China?

Que explicações possíveis podemos encontrar para estes factos; falta de conhecimento do mercado?, falta de estímulos internos e/ou externos para escolher a China como mercado alvo?, falta de capacidade para se adaptarem ao contexto económico chinês?, falta de enquadramento institucional e incentivos por parte do governo português?, será um problema de grande distância física e cultural?, que outras explicações poderão justificar o alheamento e ausência das empresas portuguesas de um mercado vital para o seu crescimento e competitividade?

Para encontrar resposta a estas questões foi elaborado um trabalho de investigação sistemático e científico que se baseou na análise das teorias e modelos clássicos e de internacionalização das empresas, dos negócios internacionais e do marketing internacional.

Foram analisadas as novas tendências do comércio mundial do processo de globalização da economia e das empresas assim como respectivos factores explicativos, foi analisado também com detalhe o meio envolvente de negócios na China e realizado um estudo empírico do comportamento de um grupo significativo de empresas no mercado chinês.

Este estudo foi orientado por dois objectivos fundamentais:
1- Identificar as oportunidades, dificuldades e riscos para as empresas portuguesas no mercado chinês.
2- Identificar os factores que condicionam o comportamento estratégico das empresas portuguesas na China.

Todo este trabalho foi realizado com duas preocupações, por um lado, ter o rigor científico e a acuidade teórica que se exige numa tese de doutoramento, por outro lado e complementarmente ter o pragmatismo que o sector empresarial necessita para poder utilizar este trabalho como suporte das suas decisões estratégicas.

3.2 - Metodologia da Investigação

Uma investigação é científica sempre que utiliza uma metodologia científica, Martinez, 2000, e Gutiérrez e Rodriguez, 1999, referem que a metodologia científica tem de utilizar um processo que começa pela delimitação e observação de um aspecto particular da realidade, isto é o domínio da investigação, seguido da formalização do problema ainda não resolvido, de facto uma questão que necessita de uma resposta ou um fenómeno para o qual se procura explicação.

Um aspecto fundamental do processo científico é a conceptualização de um modelo explicativo, a formulação de hipóteses para responder a essa questão ou explicar o fenómeno e a confrontação das hipóteses com a informação recolhida do universo da nossa pesquisa (uma amostra) a que Parasuraman, 1991, chama *"análise de inferência"*, que permite ao investigador fundamentar a aceitação, rejeição ou reformulação das hipóteses. Brymer e Cramer, 2003, referem que o ponto de partida de um processo de investigação é o seguinte enquadramento teórico, Fig.3.1.

Fig.3.1 - Processo de Investigação

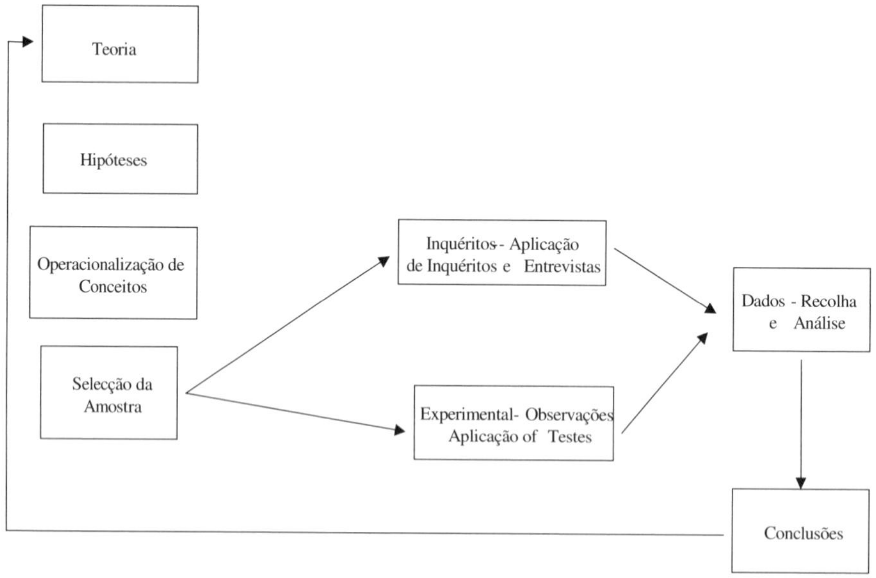

Fonte: Bryman e Cramer, 2003.

3.3 - Modelo de Análise

O enquadramento teórico da investigação no domínio dos negócios internacionais e da internacionalização das empresas evoluiu muito nos últimos anos, desde as teorias do comércio internacional em moda até aos 60, baseadas nas explicações macro-económicas dos fluxos comerciais até às teorias e modelos do investimento directo estrangeiro e à integração multidisciplinar com focus no marketing e na gestão estratégica de hoje.

Procedemos assim a uma revisão bibliográfica o mais abrangente e actual possível destas teorias e modelos, começando pela análise da visão do comércio mundial e das tendências de globalização, a que se seguiu o estudo detalhado das contribuições mais importantes para a investigação dos negócios internacionais e do processo de internacionalização das empresas.

A conceptualização do nosso modelo de análise, teve em consideração a Teoria do Ciclo de Vida Internacional do Produto, a Visão Baseada nos Recursos (VBR), os Modelos da Escola Uppsala, nomeadamente o Modelo de Internacionalização de Uppsala, (Modelo U-M), o Modelo de Inovação - Internacionalização, (Modelo I-M), e vários modelos que resultaram do desenvolvimento destes, o Modelo do Processo de Internacionalização Incremental de uma Empresa, a Teoria dos Custos de Transacção, a Teoria Ecléctica, a Teoria da Organização em Rede, o estudo das Novas Empresas Internacionais, também conhecidas por "*Born Globals*" e "*Sart-ups*", a análise dos factores do meio envolvente de negócios num mercado, e das estratégias mais comuns em marketing internacional.

Foram consideradas também como muito detalhe as características dos factores do meio envolvente de negócios na China, que condicionam a expansão das empresas estrangeiras para a China e a sua actividade e desempenho no mercado chinês.

A China tem uma evolução económica muito rápida, onde as empresas se estão a adaptar à mudança de uma economia estatizada para uma "*economia socialista de mercado*", e portanto tivemos que analisar estudos sobre o desempenho da expansão internacional de uma economia em transição, nomeadamente foram analisadas as contribuições de Peng e Heath, 1996, Ghauri e Holstius, 1996, Luo, 1999, Luo e Peng, 1999, Siu e Glover, 2001.

O desempenho das exportações foi também alvo da nossa análise, aliás é um tema hoje em dia muito estudado assim como o das empresas com sucesso na exportação,

Cavusgil e Zhou, 1994. Existem no entanto, dificuldades na conceptualização, operacionalização e medida do desempenho das exportações, por exemplo o estudo de Katsikeas, Leonidou e Morgan, 2000, revê e avalia mais de 100 artigos sobre estudos empíricos para encontrar e criticar as medidas de desempenho das exportações, mas as suas conclusões foram fragmentadas, inconsistentes e com resultados conflictuantes. Os estudos de Cavusgil e Zhou, 1994, Lages e Lages, 2004, concluíram também pela impossibilidade de encontrar consenso numa única medida para medir o desempenho das exportações.

Estes estudos tipicamente tentam identificar factores chave que contribuam para as exportações com sucesso, tais como estratégias de marketing, atitudes dos gestores e outros factores das empresas. Grande parte destes investigadores também estipulam nos seus modelos conceptuais que a estratégia de marketing é determinada por, ou alinhada com, forças internas tais como as características da empresa e dos produtos e forças externas tais como as características dos mercados.

Cavusgil e Zhou, 1994, referem que apesar do desempenho das exportações ser influenciado pela estratégia de marketing de exportação, o relacionamento entre estratégia de marketing de exportação e o desempenho das exportações permanece um problema por resolver.

O desempenho superior das exportações e a compreensão dos factores que contribuem para o sucesso das exportações é de importância vital para os gestores de negócios que exportam, como um teste para as suas estratégias e um meio para fortalecer o crescimento e melhorar os resultados financeiros.

Esta análise é também muito importante para os investigadores académicos que vêem na exportação um desafio para desenvolver as teorias de marketing internacional e para os gestores públicos e políticos que consideram a exportação como um instrumento para; desenvolver o país, melhorar a balança comercial, acumular reservas em divisas estrangeiras, melhorar os níveis de emprego e produtividade e aumentar a prosperidade social, Czinkota, 1994, Wang e Olsen, 2002.

Outro aspecto importante que está ligado com o desempenho é a satisfação, que não tem sido muito investigado, mas que pode afectar o compromisso futuro das empresas no mercado internacional ou num mercado específico.

A satisfação é analisada em função das percepções de desempenho e é considerada uma forma apropriada para avaliar o sucesso num mercado, porque contempla quer as medidas de desempenho objectivo, nomeadamente, o crescimento das vendas e quota de mercado, quer as percepções subjectivas dos gestores, de como estão a alcançar ou a exceder as suas expectativas e objectivos no mercado, Wang e Olsen, 2002.

O meio envolvente de negócios chinês é muito complexo e obriga as empresas que querem fazer negócios na China a considerarem não só a exportação como modo de entrada, mas também outros modos com um maior compromisso internacional e com maior risco, fazendo apelo aos recursos específicos das empresas (REEs) para conseguirem vantagens competitivas sustentadas. A não existência destes factores pode ser uma forte desmotivação para escolher o mercado chinês.

A nossa investigação levou-nos a tentar identificar estudos com conteúdos semelhantes, ao que pretendíamos realizar no mercado chinês e encontramos pesquisas muito interessantes e úteis mas considerando apenas alguns aspectos da nossa investigação.

Assim, a relação entre o desempenho e os factores que condicionam o sucesso da estratégia de "*marketing-mix*" no mercado chinês, foi pesquisada entre outros, por: McGuiness, Campbell e Leontiades, 1991, Luo, 1997, Ambler, Styles e Xiucun, 1999, Lin e Germain, 1999, Sin, Tse, Yau, Lee, Chow e Lau, 2000, Chadee e Zhang, 2000, Li, Lam e Qian, 2001, Brouthers e Xu, 2002, no entanto, cada um destes estudos concentrou-se somente em alguns desses factores.

Uma vez que não conseguimos encontrar um modelo único abrangente que tivesse já sido testado e que pudesse ser utilizado no caso específico alvo da nossa pesquisa e sabendo que a investigação científica é também uma aventura em território desconhecido, embora orientada por um bom conhecimento do enquadramento teórico onde o caso particular se insere e por argumentos lógicos e racionais, mas também pela intuição e pela curiosidade científica, Gutiérrez e Rodriguez, 1999, tivemos que exercitar uma atitude critica e inovadora ao traçarmos o nosso próprio percurso de investigação embora iluminado por estudos já publicados e aceites pela comunidade científica internacional neste domínio de investigação.

Nesta situação e com uma ideia clara daquilo que procurávamos, com o suporte da observação da realidade, da revisão bibliográfica que efectuamos e da inspiração recebida dos estudos referidos acima, ousamos propor para ser empiricamente testado o seguinte modelo de análise, Fig.3.2.

Fig.3.2 - Modelo de Análise

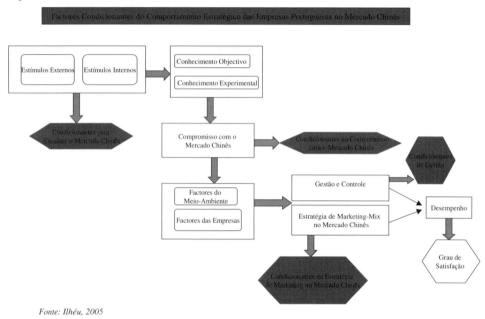

Fonte: Ilhéu, 2005

Um modelo é uma representação simplificada da realidade, feita depois de os conceitos estarem pré-definidos, com o objectivo de propor termos, relacionamentos e conclusões sobre a realidade em análise, Rodríguez e Gutiérrez, 1999.

As tentativas para conceptualizar as inter-relações dinâmicas entre as determinantes do comportamento estratégico das empresas portuguesas no mercado chinês, conducentes a um desempenho satisfatoriamente bem sucedido, sugere o modelo acima. Este considera que o desempenho envolve a consideração de quatro grupos de condicionantes: condicionantes para escolher o mercado chinês, condicionantes ao compromisso com o mercado chinês, condicionantes da estratégia de marketing no mercado chinês e condicionantes de gestão no mercado chinês.

A unidade de análise subjacente a este modelo é a totalidade da actividade da empresa no mercado chinês, desde o estádio de menor compromisso até ao IDE.

O modelo é apresentado em termos gerais, representando categorias de variáveis em sentido lato, porque a revisão da literatura efectuada não sugere medidas específicas para a conceptualização proposta.

O modelo compreende as motivações para escolher, entrar e expandir-se num determinado mercado, delinear as estratégias de marketing de exportação e monitorizar o negócio ali, o que afectará o desempenho da empresa no mercado escolhido.

Devido à diversidade de variáveis o nosso objectivo é compreender o relacionamento entre elas e se possível identificar quais os grupos de condicionantes que têm um maior peso no desempenho e satisfação das empresas portuguesas no mercado chinês.

Este modelo considera quatro interligações que intervêm no processo dinâmico de entrada no mercado chinês.

1- Sem estímulos (internos e externos) as empresas não decidem escolher e progressivamente comprometer-se com o mercado chinês.
2- Uma vez escolhido o mercado para entrar, sem compromisso para com o mercado (o que depende do conhecimento objectivo e experimental) não é possível realizar uma estratégia de marketing no mercado.
3- A estratégia de marketing-mix é um aspecto central na determinação do desempenho e depende dos factores do meio envolvente e dos factores da empresa.
4- A gestão e controlo de gestão da estrutura operacional no mercado chinês também depende dos factores ambientais e da empresa e está co-alinhada com o contexto da estratégia adoptada face ao meio envolvente para determinar o desempenho.

Como já foi mencionado a satisfação é a percepção de como os objectivos e o desempenho corresponde mais ou menos às expectativas criadas inicialmente.

Com base neste modelo fomos analisar e testar se as empresas portuguesas têm estímulos para escolher o mercado chinês, o seu conhecimento e o compromisso no mercado, a sua estratégia e a gestão no mercado chinês, o seu grau de percepção do desempenho e satisfação, assim como o relacionamento entre estas variáveis, podendo por este meio avançar na nossa compreensão do comportamento estratégico das empresas portuguesas na China.

As hipóteses são respostas antecipadas às perguntas específicas da investigação e deverão logicamente derivar destas, Sarabia Sánchez, 1999. A formulação de hipóteses estabelece a ponte, entre o enquadramento teórico e o caso empírico em análise.

As hipóteses constroem o eixo principal de qualquer investigação, uma vez que ajudam a determinar com precisão o fenómeno que se pretende observar e pesquisar com vista à aceitação ou rejeição das respostas avançadas, guiam a recolha de informação e a estrutura da análise seguindo as conexões lógicas estabelecidas por elas. A formulação das hipóteses desta investigação tiveram em consideração o enquadramento teórico das teorias e modelos de internacionalização das empresas e do marketing internacional e as condicionantes empíricas do meio envolvente de negócios na China.

Assim foram estabelecidos dois grupos de hipóteses que foram o eixo principal da nossa pesquisa empírica, um grupo com dez hipóteses que identificou os principais factores condicionantes do comportamento estratégico das empresas portuguesas no mercado chinês e um segundo grupo com quatro hipóteses para determinar e pesquisar o relacionamento entre esses factores e o desempenho e satisfação, ver anexo I.

3.4 - Estudo Empírico

No estudo empírico realizado sobre as empresa portuguesas na China considerou-se como unidade de análise as empresas individuais ou grupos de empresas dentro do universo das empresas exportadoras portuguesas.

A população objecto considerada foram as empresas portuguesas com experiência internacional que exportam e ou investem na China.

A China é um mercado muito complexo, geográfica e culturalmente longe e uma empresa sem experiência internacional, ou a dar os primeiros passos na internacionalização dificilmente escolherá o mercado chinês como alvo.

Considerando que para identificar os factores que condicionam, o comportamento estratégico das empresas portuguesas no mercado chinês é necessário que essas empresas tenham já alguma experiência naquele mercado seleccionamos, como já referimos anteriormente, como população alvo as empresas portuguesas com pelo menos 3 anos de experiência no mercado.

Assim, para identificar as empresas exportadoras para a China e empresas com investimentos na China foram utilizadas as bases de dados do Icep e da CCIL-C (Câmara de Comércio e Indústria Luso-Chinesa). No total obtivemos uma lista de 309 empresas que exportam ou investem na China. Estas bases de dados são as mais completas e actualizadas para ter acesso a este tipo de informação em Portugal.

A recolha de dados foi feita por questionário e complementada com algumas entrevistas. No questionário em anexo II foram utilizadas perguntas já testadas em questionários de estudos realizados por Luo e Peng, 1999, Liu e Pak, 1999, Fiducia, 1999, Ilhéu, 2002.

O questionário foi preparado desde o início para ser analisado com SPSS (Statistical Package for the Social Sciences) e nisso seguimos Pestana e Gageiro, 2003.

Realizamos uma análise prévia de fiabilidade do questionário através do estudo da consistência interna das variáveis utilizadas, efectuando testes de alpha Cronbach para conjuntos de variáveis que foram medidas por meio de escalas e concluímos pela sua fiabilidade.

Antes de enviar o questionário foram feitas chamadas telefónicas prévias para todas as empresas para confirmar a morada, fax, e-mail e o nome do executivo responsável pelos negócios na China nas empresas a quem o questionário deveria ser enviado.

Este foi um processo lento mas muito útil porque nos permitiu corrigir a base de dados e eliminar as empresas que não se enquadravam no objectivo desta pesquisa, aquelas que entretanto tinham, cessado a sua actividade, moradas e contactos errados, assim como empresas incorrectamente classificadas nas bases de dados.

Finalmente validamos para a nossa amostra 97 empresas e grupos económicos que têm como alvo de exportação o mercado chinês e 14 empresas no sector de serviços, num total de 111 empresas das quais 16 tinham escritórios na China.

O envio do questionário às empresas foi feito com uma carta de recomendação do Presidente da Direcção da CCIL-C, que apoiou este estudo, e decorreu de Janeiro a Junho 2004, ao fim de 4 semanas sem resposta foi efectuado um telefonema para saber se tinham recebido e a solicitar uma resposta, muitas empresas pediram-nos que o questionário fosse reenviado por fax ou e-mail.

Foram recebidas 52 respostas o que corresponde a 46,8% da amostra o que é bastante satisfatório dado que a média de respostas de estudos feitos a gestores de nível superior têm normalmente 15-20% de respostas, Menon, Bharadwaj, Adidam e Edison, 1999, ver perfil técnico da amostra em Quadro 3.1. Destas 52 empresas 13 têm escritórios ou fábricas o que quer dizer 81% do total de empresas com escritório na China.

Quadro 3.1 - Perfil Técnico da Amostra

Universo	Todas as empresas portuguesas que exportam ou investem em mercados externos
População objecto	Todas as empresas portuguesas que exportam e /ou investem na China de acordo com as bases de dados (309)
População alvo	População objectivo que de uma forma consistente exportam ou investem no mercado chinês há mais de 3 anos. (175)
Amostra	População alvo que cumpre os critérios preestabelecidos (111)
N.º de respostas (n)	52
Método de selecção da amostra	Não probabilística-Amostra de conveniência
Bases de dados	Icep e CCIL-C

Para analisar as respostas obtidas no questionário utilizamos o programa SPSS para efectuar uma análise de estatística descritiva nomeadamente, trabalhamos com médias e índice de médias, tabulações cruzadas, correlações e regressões lineares e múltiplas.

Para testar as hipóteses e o modelo realizamos sempre que possível testes paramétricos tais como os testes, T-Test, Oneway Anova, e Levene's, sempre em que não foi possível utilizar testes paramétricos, utilizamos testes não paramétricos tais como os testes Kolmogorov-Smirnov, Mann-Whitney e Chi-Square. Todos foram realizados com um intervalo de confiança de pelo menos 95%.

Realizamos regressões lineares para estudar as correlações entre os factores condicionantes (variáveis independentes com escala quantitativa) e a percepção de o desempenho (variável dependente). Pela análise dos coeficientes Pearsons'R concluímos o sentido e a intensidade das relações existentes.

Verificamos assim que os factores condicionantes com maior peso na percepção do desempenho são a escolha de parceiros e as leis e regulamentos pouco claros, com menos peso mas também importantes encontramos a competição subestimada, os factores do meio envolvente chinês e a disponibilidade de informação.

Finalmente realizamos uma regressão linear múltipla para testar o modelo com todo o conjunto de variáveis independentes, para saber até que ponto a percepção do desempenho pode ser explicado por elas. Encontramos um Pearsons'R (R=0,992), muito forte em intensidade, o que quer dizer que o conjunto de variáveis explicam muito da variância da percepção do desempenho. R square (R square=0,984) diz-nos que o modelo explica 98% da variação da percepção de desempenho. Por outro lado o teste da Anova confirma que este modelo é geralmente bom (p<0,025), para um nível de confiança de 95%.

Os resultados do estudo empírico realizado, permitem-nos validar a análise conclusiva que vamos desenvolver nos capítulos seguintes. Juntamos em anexo III o mapa com a verificação das hipóteses.

Bibliografia:

- Ambler, Tim, Chris Styles e Wang Xiucun, 1999, The Effect of Channel Relationships and Guanxi on the Performance of Inter-province Export Ventures in the People's Republic of China, Research in Marketing, 16, pp.75-87.
- Brouthers, Lance Eliot e Kefeng Xu, 2002, Product Stereotypes Strategy and Performance Satisfaction: The Case of Chinese Exporters, Journal of International Business Studies, Vol.33, N° 4, pp.657-677.
- Bryman, Alan e Duncan Cramer, 2003, Análise de Dados em Ciências Sociais, Introdução às Técnicas Utilizando o SPSS para Windows, Celta Editora.
- Cavusgil, S. Tamer e Shaoming Zhou, 1994, Marketing Strategy Performance Relationship: an Investigation of the Empirical Link in Export Market Ventures, Journal of Marketing, 58 (January), pp.1-21.ICEP, Foreign Trade Statistics.
- CCIL-C (Câmara de Comércio e Indústria Luso-Chinesa), 2001-2004, Base de Dados
- Chadee, Doren D. e Benjamin Y. Zhang, 2000, The Impact of Guanxi on Export Performance: A Study of New Zealand Firms Exporting to China, Journal of Global Marketing, Vol.14, N° 1,2, pp.129-149.
- Czinkota, R. Michael, 1994, A National Export Assistance Policy for New and Growing Businesses, Journal of International Marketing, 2 (1), pp.91-101.
- Fiducia Confidential Survey, 1999, June, Success and Failure European Investment in China, Fiducia Hongkong.
- Ghauri, Pervez N. e Karim Holstius, 1996, The Role of Matching in the Foreign Market Entry Process in the Baltic States, European Journal of Marketing, Vol.30, N° 2, pp.75-88.
- Gutiérrez, Jesús e Ana I. Rodríguez, 1999, La Investigación Científica in Sarabia Sánchez, F.J., Construcción de las Escalas de Medida in Metodología para la Investigación en Marketing y Dirección de Empresas, Ediciones Pirámide, Madrid.
- Ilhéu, Fernanda, 2002, Opportunities and Obstacles for Portuguese Companies in the Chinese Market, Investigation Project, Diploma de Estudos Avanzados, Universidade de Sevilha.
- Ilhéu, Fernanda, 2005, Opportunities and Obstacles for Portuguese Companies in the Chinese Market, Constrain Factores of Portuguese Strategic Behavior in China, Tese de Doutoramento, Universidade de Sevilha.
- INE/Icep, Listas de Empresas Exportadoras Portuguesas, 2001
- Katsikeas, Constantine S, Leonidas C. Leonidou e Neil Morgan, 2000, Firm-Level Export Performance Assessment: Review, Evaluation and Development, Journal of the Academy of Marketing Science, 28, (4), 493-511.
- Lages, Luis Filipe e Cristiana Raquel Lages, 2004, The STEP Scale: A Measure of Short-Term Performance Improvement, Journal of International Marketing, Vol. 12, N° 1, 2004, pp.36-56.
- Li, Ji, Kevin Lam e Gongming Qian, 2001, Does Culture Affect Behavior and Performance of Firms? The Case of Joint Venture in China, Journal of International Business Studies, Vol. 32, N° 1, pp. 115-131.
- Lin, Xiaohua e Richard Germain, 1999, Predicting International Joint-Venture Interaction Frequency in US-Chinese Ventures, Journal of International Marketing, Vol.7, N° 2, pp.5-23.
- Liu, H e K Pak, 1999, How Important is Marketing in China Today to Sino-Foreign Joint Ventures? European Management Journal, Vol.17, N° 5, pp.546-554.
- Luo, Yadong, 1997, Guanxi and Performance of Foreign-invested Enterprises in China: An Empirical Inquiry, Management International Review, 37 (1), pp.51-70.
- Luo, Yadong, 1999, Time-Based Experience and International Expansion: The Case of an Emerging Economy, Journal of Management Studies, 36, pp.505-534.
- Luo, Yadong e Mike W. Peng, 1999, Learning to Compete in a Transition Economy: Experience, Environment, and Performance, Journal of International Business Studies, Vol. 30, (2), pp.269-295.
- Martinez, Mario T., 2000, Ciencia y Marketing: Manual para Investigadores y Doctorandos en Ciencias Sociales, Editorial ESIC, Madrid.

- McGuiness, Norman, Nigel Campbell e James Leontiades, 1991, Selling Machinery to China: Chinese Perceptions of Strategies and Relationships, Journal of International Business Studies, Second Quarter, pp.187-207.
- Menon, Anil, Sundar G. Bharadwaj, Phani Tej Adidam e Steven W. Edison, 1999, Antecedents and Consequences of Marketing Strategy Making: A Model and a Test, Journal of Marketing, 63 (April), pp.18-40.
- Parasuraman, A 1991, Marketing Research, 2nd Edition, Addison, Wesley.
- Peng, Mike, W. e Peggy S. Heath, 1996, The Growth of the Firm in Planned Economies in Transition: Institutions, Organizations and Strategic Choice, Academy of Management Review, Nº 21, (2), pp.492-528.
- Pestana, M.Helena e João Nunes Gageiro, 2003, Análise de Dados para Ciências Sociais, A Complementaridade do SPSS, 3ª Edição, Edições Sílabo.
- Rodríguez, Ana I. e Jesús Gutiérrez, 1999, Ciencia y Método Científico in Sarabia Sánchez, F.J., Construcción de las Escalas de Medida in Metodología para la Investigación en Marketing y Dirección de Empresas, Ediciones Pirámide, Madrid.
- Sarabia Sánchez, F.J., 1999, Construcción de las Escalas de Medida in Metodología para la Investigación en Marketing y Dirección de Empresas, Ediciones Pirámide, Madrid.
- Sin, Leo Y. M, Alan C. B. Tse, Oliver H. M. Yau, Jenny S. Y. Lee, Raymond Chow e Lorett B. Y. Lau, 2000, Market Orientation and Business Performance: An Empirical Study in Mainland China, Journal of Global Marketing, Vol.14, (3), pp.5-29.
- Siu, Noel Yee-Man e Linda Glover, 2001, Barriers to Effective Managerial Practices in China, Asia Pacific Business Review, Vol.7, Nº 3, Spring, pp.57-74.
- Wang, Guangping e Juneen E. Olsen, 2002, Knowledge, Performance and Exporter Satisfaction: An Exploratory Study, Journal of Global Marketing, Vol.15 (3/4), pp.39-64.

Capítulo IV
As Empresas Portuguesas e a China

4.1 - Características das Empresas Portuguesas na China

As pessoas que responderam ao questionário foram na sua maioria (62%) executivos, com nível académico universitário, exercendo funções de administração (52%) e direcção (46%) o que garante a veracidade das respostas ver, Fig. 4.1 e Fig.4.2.

Fig.4.1 - Nível Académico dos Inquiridos

Fig.4.2 - Posição dos Inquiridos na Empresa

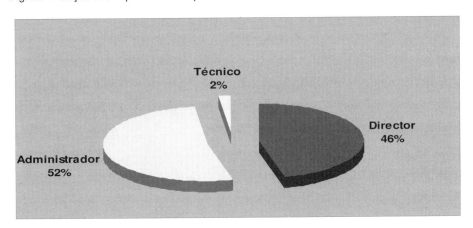

A amostra integra empresas de todas as dimensões, sendo 63% das empresas de média dimensão, 25% grandes empresas e 12% pequenas empresas, ver Fig. 4.3. Isto quer dizer que na nossa amostra 75% são PMEs o que é consistente com os dados oficiais do IAPMEI que considera que 80% do tecido empresarial português é constituído por PMEs, IAPMEI (2002).

Fig.4.3 - Dimensão das Empresas

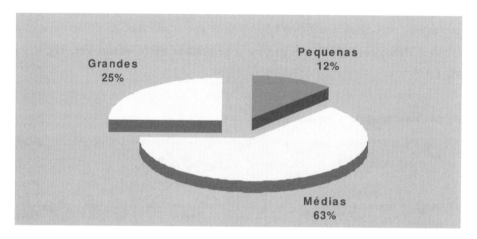

A maioria das empresas na amostra estão completamente internacionalizadas, com 98% das empresas a trabalhar no mercado internacional há mais de 5 anos, e 76% a realizar mais de 50% do seu volume de vendas no mercado internacional, ver Fig. 4.4, e Fig. 4.5.

Cerca de 63% das empresas da amostra classificam-se a elas próprias como internacionais e 37% como globais, de acordo com os critérios indicados no questionário, ver Fig. 4.6.

Isto é consistente com a nossa decisão de considerar como amostra desta pesquisa, as empresas portuguesas já com experiência internacional, nomeadamente a realizar negócios com a China há mais de 3 anos uma vez que as condicionantes do meio envolvente chinês são altamente limitativas para uma empresa começar o seu processo de internacionalização, por este mercado.

Fig.4.4 - N.º de Anos de Experiência das Empresas no Mercado Internacional

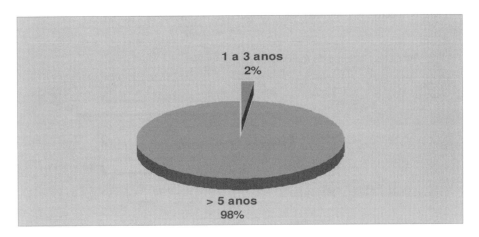

Fig.4.5 - Percentagem do Mercado Internacional no Volume de Vendas das Empresas

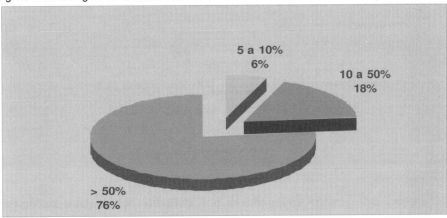

Fig.4.6 - Classificação Internacional das Empresas

Os sectores de actividade das empresas são bastantes diversificados e representam um largo espectro dos negócios de Portugal com a China, ver Fig. 4.7.

Fig.4.7 - Principais Sectores de Actividades das Empresas

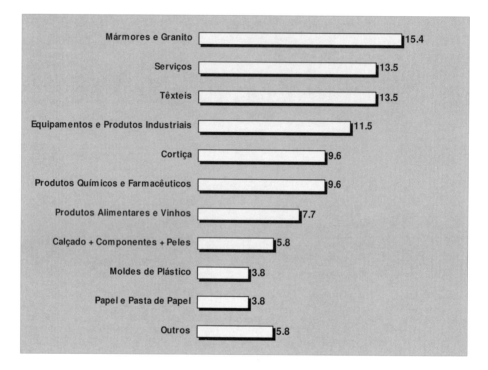

Assim, esta amostra concentrou-se principalmente nos produtos tradicionais portugueses, como mármores e granito, têxteis, cortiça e artigos de cortiça, vinho, calçado, mas também equipamento e produtos industriais entre outros.

Com excepção da cortiça que é responsável por cerca de 11% das exportações portuguesas para a China e que tem ocupado uma posição estável na nossa balança comercial, os outros produtos têm um peso relativamente pequeno no total do valor das exportações. Alguns como mármore e granito, vinho, calçado e moldes de plástico são produtos com uma presença recente no mercado chinês.

As empresas da amostra têm também uma grande diversificação no tipo de actividades desenvolvidas nos mercados internacionais com a maioria das empresas a realizarem exportações directas 86,5% e importações directas 69,2% de acordo com o seu elevado grau de internacionalização.

Pode também observar-se que estas empresas estão menos envolvidas com a actividade de investimento, declarando 32,7% que investem em empresas com 100% de capital e 26,9% em joint-venture, ver Fig.4.8.

Fig.4.8 - Actividades Desenvolvidas no Mercado Internacional

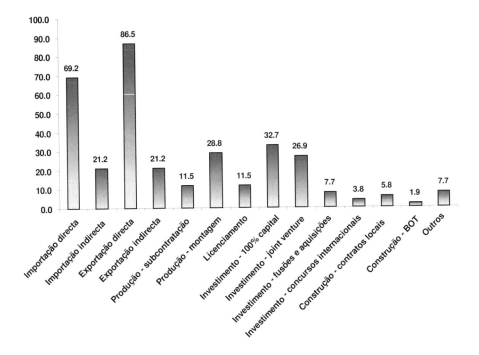

As empresas portuguesas na amostra consideram que a União Europeia é a região do mundo onde realizam mais negócios e onde tem um nível de compromisso maior seguida pela Ásia e a menos importante é a África, ver Fig.4.9.

Fig.4.9 - Regiões do Mundo onde as Empresas Portuguesas têm Maior Compromisso (Média)

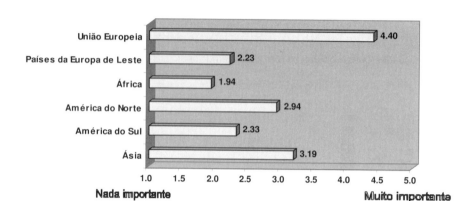

De referir que estas empresas tendem a considerar que as suas vantagens competitivas no mercado internacional são: 1º imagem de alta qualidade, 2º consciência de marca, 3º alta tecnologia e as suas desvantagens são registo internacional de patentes ver Fig.4.10.

Fig.4.10 - Vantagens Competitivas mais Importantes das Empresas Portuguesas no Mercado Internacional (Média)

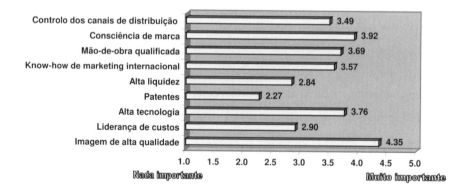

4.2 - Filosofia de Negócios e Objectivos das Empresas Portuguesas na China

Concluímos que a filosofia de negócios das empresas portuguesas na China é orientada pelo longo prazo, com uma exposição ao risco médio e preferindo como forma de propriedade as joint-ventures (empresas mistas capital estrangeiro e chinês);

ver Fig.4.11, Fig.4.12, e Fig.4.13. Esta é uma filosofia aceitável para a realização de negócios se considerarmos que os riscos são agora mais previsíveis e controláveis, Ilhéu, 2005.

Fig.4.11 - Visão de Longo Prazo versus Visão de Curto Prazo

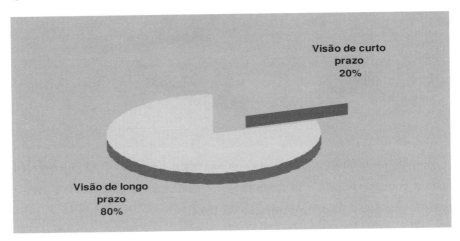

Fig.4.12 - Exposição ao Risco

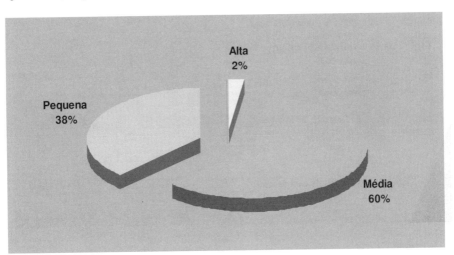

Fig.4.13 - Forma de Propriedade de Capital

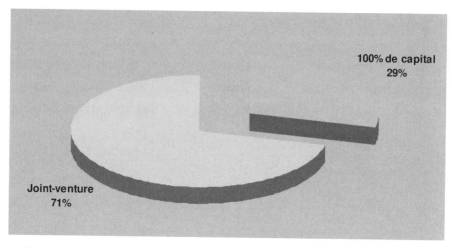

Concluímos também pela análise do questionário, que o principal objectivo das empresas portuguesas para o mercado chinês é ganhar quota de mercado e crescer através de uma estratégia de diversificação ver Fig.4.14.

Fig.4.14 - Principais Objectivos no Mercado Chinês

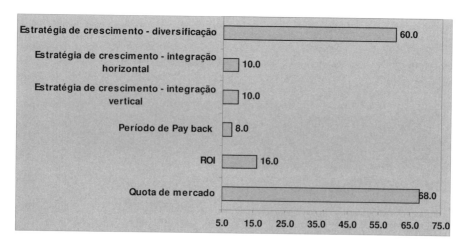

4.3 - Experiência das Empresas Portuguesas no Mercado Chinês China

Cerca de 52% das empresas na amostra, trabalham o mercado chinês há mais de 5 anos e 36% começaram a trabalhar o mercado entre 2001 e 2004, sendo que 19% só agora começaram a entrar no mercado, ver Fig.4.15.

Fig.4.15 - Número de Anos a Trabalhar no Mercado Chinês (Intensidade da Experiência)

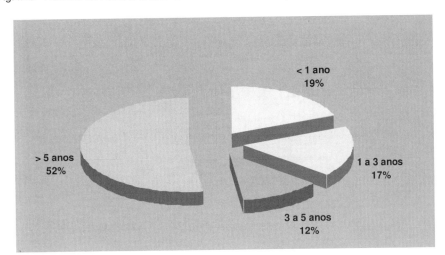

Podemos concluir que a intensidade da experiência no mercado chinês é média para as empresas na amostra.

Para conhecer a diversidade da experiência das empresas portuguesas no mercado chinês, analisamos a diversidade das actividades das empresas da amostra, desenvolvidas naquele mercado e verificamos que somente 17,3% das empresas realizam mais de uma actividade na China.

Cerca de 63,5% das empresas fazem operações de exportação directa para a China, 11,5% concentram a sua actividade em contratação de serviços e consultoria, 9,6% fazem importação directa da China, 9,6% estão ainda a estudar o mercado, 5,8% têm operações de produção-montagem, 5,8% estabeleceram joint-ventures na China, 5,8% transferiram *"know-how"* e as outras actividades realizadas na China têm muito pouca expressão, nomeadamente as actividades de *"outsourcing"* e subcontratação são muito pouco significativas ver Fig.4.16.

Isto quer dizer que as empresas portuguesas inquiridas têm uma diversidade de experiência limitada e concentrada em poucas actividades no mercado chinês.

De positivo devemos realçar que as exportações portuguesas para a China são já na sua maioria feitas directamente, não dependendo portanto de intermediários e permitindo aos empresários conhecer melhor o mercado e definir a sua estratégia.

Estas conclusões são consistentes com as principais actividades das empresas portuguesas no mercado internacional em geral muito concentradas na exportação e na importação directas, sendo que o IDE é praticado no máximo por 33% das empresas.

Fig.4.16 - Actividades no Mercado Chinês (Diversidade da Experiência)

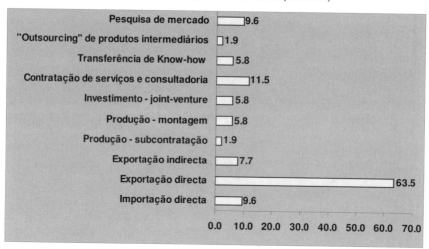

Podemos concluir que as empresas portuguesas tem uma experiência média e limitada no mercado chinês muito concentrada nas actividades de exportação directa para aquele mercado.

Para conhecermos a intensidade do compromisso das empresas portuguesas no mercado chinês fomos analisar a percentagem de empresas com investimento na China pelo menos com um escritório ali, a percentagem do volume de vendas da empresa feita no mercado chinês, o tipo e o estatuto legal dos escritórios das empresas portuguesas na China.

Para considerar que uma empresa está numa fase de compromisso com um mercado, esta deverá ter mais de 5% do seu volume de vendas feito nesse mercado e o progressivo compromisso num mercado externo passa, pela empresa ter pelo menos uma sucursal nesse mercado.

O estádio de presença com compromisso num mercado é alcançado quando um programa de marketing é ali desenvolvido e o desempenho ultrapassa as barreiras de entrada, a atribuição de recursos a esse mercado é feita com base nas oportunidades do mercado e o mercado representa mais de 5% do volume de vendas total da empresa, Gençtürk e Kotabe, 2001.

A presença de uma empresa num mercado tem uma evolução progressiva de acordo com diferentes estímulos e corresponde a diferentes atitudes da empresa nesse mercado, de actividade de exportação não regular, ou presença experimental, até á fase de presença com compromisso no mercado, sendo a atitude de maior compromisso o IDE em produção nesse mercado, Garcia Cruz, 2000, Bradley, 2002, Kotler, 2003.

Concluímos que somente 25% das empresas da amostra têm escritórios na China e que 72% dessas empresas fazem menos de 5% do seu volume de vendas no mercado chinês, ver Fig.4.17 e Fig.4.18.

Concluímos também que 61% dos escritórios das empresas portuguesas na China são escritórios de representação comercial, a qual é a forma legal de menor compromisso de investimento na China, uma vez que este estatuto legal não permite que a empresa estrangeira assine qualquer tipo de contratos na China, estes escritórios não podem comprar ou vender, podendo apenas actuar como representantes das empresas estrangeiras para realizar actividades de pesquisa, promoção, relações públicas e trabalhos semelhantes.

Somente 8% das empresas inquiridas têm exclusivamente unidades de produção na China e 31% têm, quer unidades de produção, quer escritórios de representação. Destes investimentos 15% são feitos sob a forma de WFOEs (empresas com 100% de capital estrangeiro), 31% na forma de joint-ventures e 54% em outras formas, ver Fig.4.19 e Fig.4.20.

Inquirimos pelo telefone a que outras formas as empresas se referiam e fomos informados que 30,7% eram escritórios de representação da banca e as restantes presenças dentro de escritórios de agentes.

Podemos assim concluir que as empresas portuguesas em geral estão numa fase de muito pouco compromisso com o mercado chinês.

Fig.4.17 - Percentagem de Empresas com Escritórios na China

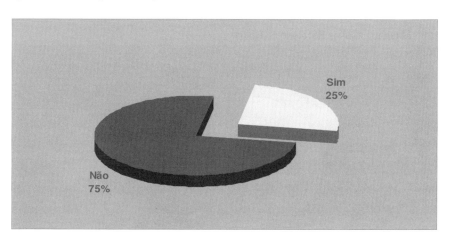

Fig.4.18 - Percentagem do Mercado Chinês no Total do Volume de Vendas das Empresas

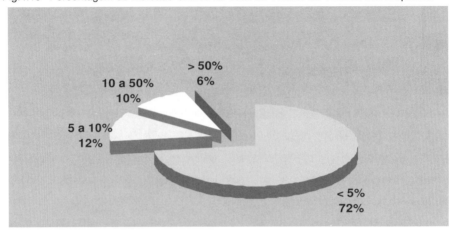

Fig.4.19 -Tipo de Escritório na China

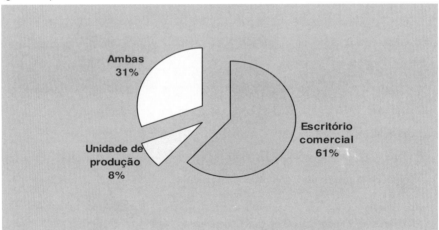

Fig.4.20 - Estatuto Legal do Escritório na China

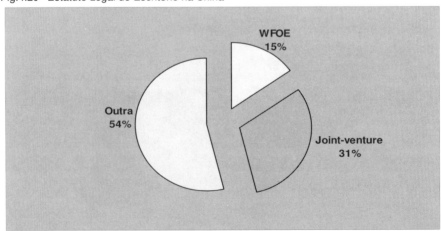

4.4 - Percepção da Importância do Mercado Chinês e dos Factores Cruciais de Sucesso

As empresas portuguesas na amostra têm a percepção da importância do mercado chinês e de uma maneira consensual tendem a concordar fortemente, que o mercado chinês, tem uma dimensão significativa para os seus produtos, está a crescer muito rapidamente e é significativo para as suas empresas, mas não se está a tornar importante no seu portfolio de negócios, ver Fig.4.21.

Fig.4.21 - Percepção da Importância do Mercado Chinês

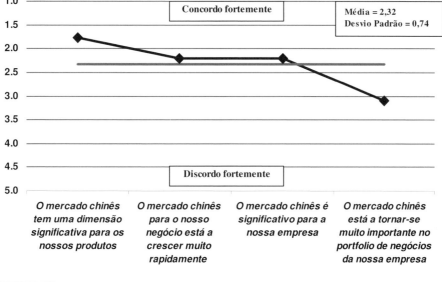

Consideramos também importante, inquirir a percepção que as empresas portuguesas têm dos factores cruciais de sucesso na China. Concluímos que as empresas portuguesas tendem a considerar, que o factor crucial para ter sucesso no mercado chinês, é o conhecimento das necessidades específicas do consumidor final, seguido de perto pela tecnologia de ponta e alta qualidade, ver Fig. 4.22.

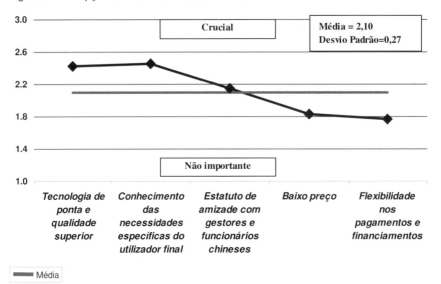

Fig.4.22 - Percepção dos Factores Cruciais de Sucesso na China

Consideramos importante comparar estes resultados com os resultados de um inquérito semelhante realizado por Engholm em 1994, aos gestores de 150 empresas americanas com experiência no mercado chinês e classificadas na Fortune 500, às quais foi formulada a questão *"O que é que a sua empresa considera crucial para ter sucesso no desenvolvimento de negócios na China?."*

Apesar de existir um intervalo de dez anos entre estes dois estudos, os factores para ter sucesso no mercado chinês têm uma base de permanência que valida a comparação entre eles.

Comparando as respostas dos dois grupos concluímos, que os gestores americanos consideram, como o factor mais crucial para ter sucesso no mercado chinês, a tecnologia de ponta e qualidade superior e os gestores portugueses tendem a considerar como o factor mais crucial o conhecimento das necessidades específicas do utilizador final e também, os gestores portugueses tendem a considerar mais importante a oferta de baixo preço e flexibilidade de pagamentos, do que os seus congéneres americanos, ver Fig.4.23.

Fig.4.23 - Percepção dos Factores Cruciais de Sucesso na China. Gestores Portugueses versus Gestores Americanos

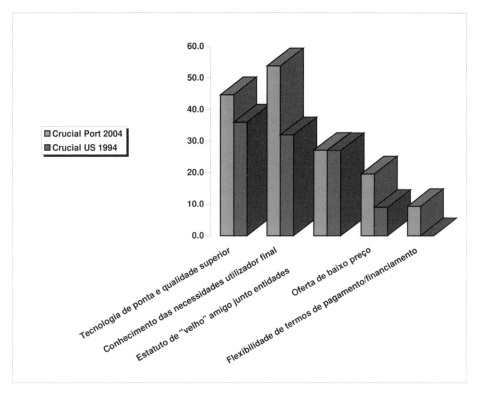

Isto é explicado por diferentes aproximações ao mercado chinês, os gestores americanos sabem que as autoridades chinesas estão dispostas a abrir o seu mercado interno a quem transferir para a China via investimento, tecnologia de ponta e conhecimentos de gestão. Esta percepção é correcta, porque a China adoptou uma estratégia de "*mercado por tecnologia*" no que diz respeito aos aspectos tecnológicos do investimento directo estrangeiro, OCDE, 2002.

De facto oferecer tecnologia de ponta e qualidade superior na China é um elemento chave para ter sucesso nas vendas para o mercado chinês, hoje os chineses viajam muito, visitando feiras internacionais e empresas estrangeiras e sabem o que é melhor e o que querem, Engholm, 1994.

Mas a percepção dos gestores portugueses sobre os factores cruciais de sucesso no mercado chinês também está correcta, nomeadamente quando falamos de bens de consumo onde a informação pertinente acerca das necessidades e preferências do consumidor final é difícil de encontrar e requer a realização de estudos de mercado detalhados e actuais, Engholm, 1994, OCDE 2002.

A importância do estatuto de *"velho"* amigo junto das entidades chinesas é consensual entre os gestores portugueses e americanos.

Mas para além, disso os chineses são negociadores difíceis que lutam pela redução dos preços, tendo sempre mais do que a oferta de um fornecedor e indo de um para outro até que os preços atinjam o mínimo. A oferta de um crédito competitivo e garantias de empréstimo para fechar determinado tipo de contratos como por exemplo fornecimento de equipamentos, é fundamental, Palmer, 1993, Engholm, 1994, OCDE, 2002.

De uma maneira geral podemos concluir que as empresas portuguesas têm uma boa percepção dos factores cruciais para ter sucesso no mercado chinês.

Bibliografia
- Bradley, Frank, 2002, International Marketing Strategy 4th, FT Prentice Hall
- Engholm, Christopher, 1994, Doing Business in Asia's Booming "China Triangle", New Jersey: Prentice Hall, Inc.
- Garcia, Cruz R., 2000, Marketing International 3rd, ESIC.
- Gençtürk, Esra F. e Masaaki Kotabe, 2001, The Effect of Export Assistance, Program Usage on Export Performance: A Contingency Explanation, Journal of International Marketing, Vol. 9, Nº 2, pp.51-72.
- IAPMEI/ Gabinete de Estudos, 2002, June, www.iapmei.pt
- Ilhéu, Fernanda, 2005, Opportunities and Obstacles for Portuguese Companies in the Chinese Market, Constrain Factores of Portuguese Strategic Behavior in China, Tese de Doutoramento, Universidade de Sevilha.
- Kolter, Philip, 2003, Marketing Management 11th Edition, Prentice-Hall International Inc.
- OCDE, 2002, China and the World Economy. The Domestic Policy Challenges, www.oecd.org
- Palmer, Clive, 1993, October, China Economic Review, pp.18-20.

Capítulo V
Factores que Condicionam a Escolha e o Compromisso das Empresas Portuguesas no Mercado Chinês

5.1 - Globalização das Empresas Portuguesas e a China

O processo de globalização é um processo contínuo de menos para mais global e a sua evolução pode ser aferida na medida em que a gestão da empresa tem uma estrutura mental global e pelo seu reflexo na globalização da sua presença no mercado, na cadeia de valor e no capital.

De acordo com estudos da UNCTAD (Conferência das Nações Unidas para o Comércio e Desenvolvimento) a produção internacional está a substituir o comércio internacional como um modo de colocar produtos em mercados externos e o comércio entre sucursais da mesma empresa, está progressivamente a tornar-se mais importante que o comércio entre empresas, por exemplo no período de 1986-2000 o IDE ao nível mundial cresceu 34% enquanto o valor das exportações cresceu apenas 8%.

Além disso, hoje em dia, o processo de internacionalização não pode ser explicado só pelo crescimento dos fluxos de comércio e serviços entre países, porque a internacionalização através do IDE tem sido acompanhada pelos mercados financeiros e tem um impacto igualmente importante na estratégia internacional das empresas, assim como, nas relações económicas dos diferentes países uns com os outros.

Nesta perspectiva para conseguir eficiência e flexibilidade as empresas têm de ter acesso aos locais mais apropriados para o desempenho das várias actividades da cadeia de valor, integrando num "*network*" interdependente as operações ao nível mundial, os recursos e actividades incluindo as fontes mais optimizadas de capital, Govindarajan e Gupta, 2001. Esta situação faz uso da capacidade das MNEs (Empresas Multinacionais) de captar benefícios transnacionais (ou menos custos transnacionais) nos mercados externos, o que é facilitado pela "*governance*" comum de um "*network*" destes activos localizados em diferentes países, Dunning, 1988.

Como vimos acima, a actividade internacional das empresas portuguesas concentra-se fundamentalmente na exportação e importação, o mesmo acontecendo na sua actividade na China, país onde o modo de entrada tem até agora sido fundamentalmente via IDE, e como já referimos as FIEs na China decidem quase 60% dos fluxos comerciais de importação e exportação.

As empresas portuguesas não estão a investir para integrar a sua cadeia de valor na China perdendo com isso oportunidades de competitividade nos seus mercados doméstico e internacional e isto poderá explicar-se pelo ainda pouco grau de globalização destas empresas, aliás apenas 37% das empresas na amostra se consideraram elas próprias globais.

Um factor frequentemente apontado para esta situação é o facto das empresas portuguesas serem na sua maioria PMEs, na nossa amostra 75% foram classificadas como tal.

De acordo com a classificação da Comunidade Europeia são consideradas como PMEs *"empresas com menos de 250 empregados e um volume de vendas anual não superior a 40 milhões €,"* IAPMEI, 2002, p.1.

As PMEs são normalmente confrontadas internamente com falta de informação, capital, experiência de gestão e externamente enfrentam limitações relacionadas com alterações no meio envolvente de negócios, quanto mais diferente for o meio envolvente em que a empresa pretende entrar em termos culturais, linguísticos e sociais mais difícil será a experiência empresarial devido aos seus recursos limitados, uma vez que estas limitações tornam os custos de internacionalização para as PMEs mais difíceis de suportar do que para as grandes empresas, Lu e Beamish, 2001.

Informação e conhecimento são factores cruciais para a expansão das PMEs nos mercados externos, de todos os recursos, informação e conhecimento são talvez os mais cruciais na expansão das PMEs no mercado internacional, porque podem ajudar as empresas a melhorar a sua capacidade de marketing, orientando a empresa para o consumidor estrangeiro, adoptando estratégias orientadas pelo mercado e finalmente conseguindo vantagens competitivas de posicionamento, Liesch e Knight, 1999, Leonidou e Katsikeas, 1997.

5.2 - Processo de Internacionalização das Empresas Portuguesas e a China

As teorias clássicas de internacionalização decorrentes da escola sueca de Uppsala defendem que as empresas internacionalizam-se num processo incremental demorado, como *"círculos na água,"* Madsen e Servais, 1997, o que pode ser explicado por falta de conhecimento dos mercados externos, elevada aversão ao risco, alta percepção de incerteza e outros factores.

O Modelo de Uppsala e seus posteriores desenvolvimentos vêem o processo de internacionalização implicando métodos de aprendizagem organizacional demorados sendo o processo internacional um processo contínuo de ajustamentos incrementais com duas palavras chave *"conhecimento"* e *"compromisso"*, Johanson e Wiedersheim-Paul, 1975, Johanson e Vahlne, 1977.

O conhecimento é dividido em conhecimento objectivo e conhecimento experimental. O conhecimento objectivo é obtido através da recolha e tratamento de informação no âmbito de um projecto de pesquisa de mercado sistematizado e o conhecimento experimental é o resultado de operações específicas desenvolvidas num determinado país e não pode ser transmitido entre empresas, por outras palavras, o conhecimento necessário só pode ser obtido pela própria experiência da empresa nesse mercado, Andersen, 1993.

Pode concluir-se que um investimento importante a ser considerado é o custo da recolha e tratamento sistematizado de informação assim como a aprendizagem através do conhecimento experimental nos mercados externos.

No conceito de compromisso num mercado temos de considerar dois factores, a quantidade dos recursos a aplicar no mercado e o grau de compromisso. O grau de compromisso reflecte a decisão de transferir recursos de um mercado para outro.

Em economias em transição de uma economia planificada para uma economia de mercado como as da China, Rússia, Índia, caracterizadas por mercados fragmentados, formas de organização pouco conhecidas e regulamentações inconsistentes, existe um meio envolvente de negócios muito turbulento o que torna a expansão internacional para esses países mais difícil e necessitando de grandes esforços em aprendizagem organizacional.

Conhecimento e compromisso interagem em forma de espiral positiva conhecimento-compromisso-conhecimento. A obtenção de conhecimento sobre um mercado externo conduz à decisão de comprometer mais recursos nesse mercado e esse aumento de compromisso possibilita que as empresas tenham cada vez mais conhecimento desse mercado dando-lhes mais confiança para posteriores compromissos.

A falta de conhecimento é um obstáculo para o desenvolvimento dos mercados externos devido à falta de comprometimento de recursos nesses mercados.

Os modelos explicativos decorrentes desta escola, sumariamente referidos acima, explicam fundamentalmente a decisão de entrar nos mercados externos e a escolha dos mercados onde entrar e o grau de compromisso nesses mercados.

Mas explicam também que o processo de internacionalização é um processo incremental, quer na forma de actividades desenvolvidas no estrangeiro, desde actividades de exportação não regular, ou envolvimento experimental, até a um envolvimento comprometido, com investimento de recursos no mercado externo, sobretudo na forma de IDE em produção e no local de desenvolvimento das actividades, de mercados geográfica e culturalmente próximos, para mercados geográfica e culturalmente distantes, isto quer dizer de uma forma gradual com respeito à escolha geográfica dos mercados e ao modo de entrada.

As empresas no início da sua internacionalização tendem a escolher países próximos e só subsequentemente tentam entrar sucessivamente em mercados externos com maiores distâncias *"físicas"* e *"psíquicas"* em termos geográficos, culturais económicos e também com maiores diferenças políticas.

De lembrar que o número de empresas que trabalha o mercado chinês no universo das empresas exportadoras portuguesas é muito pequeno e que na amostra de empresas que trabalha o mercado chinês a grande maioria declara que a região do mundo onde tem maior compromisso é a UE, espaço que lhes é geográfica, cultural, económica e culturalmente mais próximo. Presentemente cerca de 35% do comércio externo português é feito com a Espanha e cerca de 77,5% das exportações portuguesas destinam-se à Espanha, França, Alemanha e Reino Unido, INE, 2005.

No entanto as distâncias *"físicas"* e *"psíquicas"* tendem a encurtar-se e a tornar-se cada vez menos relevante à medida que as comunicações globais e as infra-estruturas de transportes melhoram e tornam os mercados cada vez mais homogéneos, como já referimos, sendo o problema da distância cada vez mais uma atitude mental dependente do conhecimento do mundo dos gestores e empresários.

Dentro dos modelos desenvolvidos a partir dos modelos da escola Uppsala consideramos importante referir o modelo do Processo de Internacionalização Incremental de uma Empresa desenvolvido por Cavusgil e Nevin, 1980, que refere que as empresas necessitam de estímulos para começar a sua actividade exportadora e identificam dois tipos de estímulos: externos e internos.

Estímulos externos ou razões do mercado, manifestam-se na forma de contactos inesperados com exportadores nacionais, importadores ou distribuidores estrangeiros, empresas *"trading"* ou pela recepção de pedidos do estrangeiro.

As empresas que iniciam a sua actividade exportadora de uma forma passiva normalmente começam por ter uma actividade internacional marginal e não consistente, no entanto, essa actividade pode motivá-las a posteriormente assumirem um papel mais activo e empenhado no mercado internacional.

As empresas começam então a criar uma organização sistemática para trabalhar as oportunidades de marketing e desenvolver uma estratégia de marketing orientada para a satisfação dos mercados internacionais, com o objectivo de obter lucros a longo prazo, comprometendo os recursos físicos, financeiros e de gestão da empresa e deixando para trás a abordagem dos mercados externos numa óptica de meramente aproveitar a curto prazo as oportunidades de exportação.

Resumidamente as várias razões para entrar nos mercados externos podem ser analisadas como estímulos externos ou razões do mercado tais como: pedidos recebidos do estrangeiro, saturação do mercado interno, esvaziar a concorrência, estratégia de crescimento do mercado, mas também concorrência acrescida no mercado interno, a emergência de novos mercados muito atractivos e seguir os seus próprios clientes ou parceiros no seu processo de internacionalização, Garcia, 2000.

Estas três últimas razões são bastante abrangentes e podem explicar alguns dos motivos para as empresas portuguesas escolherem e se comprometeram com o mercado chinês.

Alguns países do Sudeste Asiático, estão a emergir como fortes e competitivos fornecedores e compradores, especialmente a China sozinha ou em parceria com outros países desta região apresenta-se, como já referimos acima, simultaneamente como uma oportunidade e uma ameaça para as empresas portuguesas e para outras empresas ocidentais, quer façam comércio internacional ou doméstico.

A saturação dos mercados do mundo desenvolvido obriga as empresas com imperativos de crescimento a olharem para as oportunidades dos mercados emergentes para o poderem fazer. Um bom exemplo é dado por Govindarajan, 1999, que refere que o consumo per-capita anual de papel nos EUA e na Europa Ocidental é cerca de 600 libras mas na Índia e na China este rácio é de 30 libras. Um fabricante de papel não pode ignorar que se o consumo per-capita nestes dois países aumentar apenas uma libra nos próximos cinco anos a procura aumentará de cerca de 2,2 biliões de libras o que não é um número para ser perdido.

Lembre-se que os principais objectivos das empresas portuguesas na China eram crescimento da quota de mercado (68%) e estratégia de crescimento pela diversificação de mercados (60%), e os principais motivos para investir na China estratégia global (69%) e entrar e penetrar no mercado chinês (62%).

Uma importante razão do mercado para a internacionalização é encontrada pelas empresas que dependem de poucos clientes como por exemplo no mercado industrial. Este tipo de empresas tem de seguir o cliente e entrar em novos mercados como resultado das estratégias comerciais dos seus clientes e pode encorajar as empresas a começar a exportar ou a escolher novos mercados externos e o modo de entrada nesses mercados, Bell, 1995.

Entre outros pode mencionar-se o caso da indústria portuguesa dos moldes, onde os compradores, principalmente os fabricantes de automóveis, estão a investir em fábricas na China, o que obrigará as empresas portuguesas deste sector, que querem manter os seus clientes, a deslocalizar-se para ali, para serem competitivas no mercado chinês para esses fornecimentos. Note-se no entanto, que apenas 7,7% das empresas inquiridas apontaram como razões para o seu investimento na China seguir clientes.

Outras razões para as empresas se internacionalizarem ou escolherem mercados externos prendem-se com estímulos internos ou razões das empresas, factores como capacidade de marketing, conhecimento dos mercados internacionais, orientação internacional dos gestores, vantagens competitivas da empresa, informação e características pessoais dos empresários e gestores, motivações e aspirações de quem toma decisões, podem ser decisivos no processo de internacionalização das empresas mas também na escolha de países para onde essa internacionalização se direcciona.

Os estímulos internos podem ser resumidamente referidos como: objectivos das empresas, oportunidades de custo, maior rentabilidade, excesso de liquidez para aplicar, excesso de capacidade de produção, garantia de fontes de fornecimento, exposição ao risco, integração vertical para reduzir custos ou aumentar controlo.

Note-se que os objectivos financeiros das empresas portuguesas na China têm pouco peso, apenas 16% das empresas indicaram como objectivo ROI (*Return on Investment*) e 8% período "*payback*", e os objectivos de integração vertical também não são relevantes, nas razões para investir no mercado chinês a redução de custos apenas é referida por 7,7% das empresas, portanto as empresas não demonstraram ter estímulos internos para escolherem a China como mercado externo.

Mas as razões para um compromisso internacional podem também resultar dos incentivos do governo, Garcia, 2000. Neste ponto gostaria de lembrar que Porter, 1990, refere que as nações têm sucesso em indústrias onde as empresas domésticas são encorajadas a competir globalmente e isto deverá ser feito pelos governos ou através de incentivos dos governos.

Relacionados com as razões da empresa para a internacionalização estão factores limitativos desse processo como: insuficiência de activos financeiros, falta de pacotes de financiamento, créditos à exportação, atitude negativa da gestão, falta de informação para identificar as oportunidades nos mercados, dificuldades dos gestores em lidar com as diferenças culturais, falta de conhecimento, experiência e contactos no mercado internacional, falta de um meio envolvente de negócios competitivo no país de origem, falta de curva de experiência nos mercados internacionais, falta de produtos aceites pelo mercado internacional, falta de dimensão, Garcia, 2000.

Referimos já que a dimensão das empresas é classicamente apontada como um obstáculo ao sucesso no mercado internacional, porque elas têm menos conhecimento das potencialidades dos mercados externos, menos conhecimentos da actividade exportadora e normalmente consideram os riscos e as exigências financeiras demasiado altas para as suas capacidades.

Mas isso pode ser ultrapassado se a empresa tem no seu país um enquadramento empresarial favorável aos negócios, além disso as novas tecnologias de comunicação e transportes, a desregulamentação dos mercados externos e as características actuais dos mercados financeiros facilitam a participação de pequenas empresas no mercado internacional, Bradley, 2002.

Isto verifica-se particularmente nas empresas de alta tecnologia onde o aumento da sua procura, os custos de P&D necessários e os ciclos de vida dos produtos encurtados aceleram o ritmo da internacionalização, Bell, 1995.

Os modelos baseados nos recursos e conhecidos por enquadramento teórico Visão Baseada nos Recursos (VBR), Barney, 1991, Conner, 1991, Fladmoe-Lindquist e Tallman, 1997, referem que os modelos da escola Uppsala são muito deterministas e propõem uma visão contingencial da internacionalização, onde a reacção inicial de uma empresa aos mercados externos e estratégias subsequentes reflecte circunstâncias prevalecentes e a capacidade de recursos dessas empresas.

Estes modelos referem que as vantagens competitivas das empresas dependem da rapidez e eficiência com que uma empresa pode desenvolver conhecimentos únicos e não imitáveis a curto prazo, e isso numa perspectiva localizada só é possível pela experiência.

Experiência pode ser definida quer pela sua intensidade, quer dizer número de anos no país anfitrião e a diversidade de tal experiência isto é, o leque de negócios desenvolvidos nesse país.

A experiência conduz ao conhecimento específico do mercado e melhora o desempenho das operações nesse mercado e a relação positiva é ainda maior quando se verifica num meio envolvente que é hostil, dinâmico e complexo, como é normalmente o caso das economias em transição.

As conclusões de Luo e Peng 1998, 1999, demonstram que entrar mais cedo numa economia em transição como a chinesa, leva as empresas a ganhar mais ao longo do tempo em termos de lucro, expansão do mercado, eficiência, posição competitiva e redução de risco. Uma presença longa neste tipo de economia resulta numa imagem favorável percebida pelos clientes, fornecedores, concorrentes e governos.

Neste tipo de meio envolvente de negócios as empresas com alta intensidade de experiência terão provavelmente um desempenho superior porque ao estarem mais tempo no mercado cultivam relacionamentos com a comunidade de negócios e com os governos locais.

O meio envolvente cultural chinês é orientado pelo grupo e as relações empresariais e comerciais são baseadas na confiança o que requer tempo para desenvolver relacionamentos e aceitação de um grupo para obter sucesso no negócio.

O dinamismo é uma importante dimensão das economias em transição notoriamente da economia chinesa e este tipo de meio envolvente de negócios dinâmico, abre às empresas mais oportunidades para explorar, mas essa exploração requer conhecimento experimental.

O conhecimento experimental num meio envolvente dinâmico, aumenta a habilidade das empresas para identificar, analisar e aproveitar essas oportunidades e isso também contribui para um melhor desempenho.

A complexidade das economias em transição é outra dimensão crítica do meio envolvente, porque determina a diversidade dos segmentos de mercado e a heterogeneidade dentro de cada.

A experiência da empresa num meio envolvente altamente complexo como o chinês, constitui um conhecimento tácito que não pode ser facilmente aprendido ou imitado pelos concorrentes e é portanto um recurso crítico da empresa fonte de vantagens competitivas, Barkema, Bell e Pennings, 1996.

De facto algumas formas de conhecimento local são quase impossíveis de internalizar num projecto de pesquisa, uma vez que não podem objectivamente ser adquiridas, são activos intangíveis locais e a sua aquisição só pode resultar da experiência com operações locais, como por exemplo o conhecimento e capacidade das empresas locais para negociar com os governos e com a comunidade de negócios local, a sua habilidade de gerir mão-de-obra local, a sua competência para entrar no mercado local, etc.

O conhecimento experimental cumulativo no tipo de meio envolvente descrito, ajuda as empresas a reduzir as incertezas operacionais e a perceber a estratégia e portanto contribui para um melhor desempenho e actua como uma força por detrás do desempenho da expansão internacional da empresa, porque esse tipo de conhecimento dificilmente pode ser comprado ou imitado, Makino e Delios, 1996, Luo e Peng, 1999.

Conhecimento e experiência são activos específicos próprios e estudos de Dunning, 1988, concluíram por uma correlação positiva entre esses activos e o sucesso internacional.

Estas conclusões são consistentes com as conclusões do modelo de Uppsala para a internacionalização mas a teoria mais recente VBR, coloca ainda mais ênfase nos conhecimentos e capacidades de aprendizagem da empresa para desenvolver com êxito esse processo e considera como um dos recursos mais valiosos de uma empresa o conhecimento que os seus gestores têm dos mercados externos. Estes recursos são valiosos quando capacitam uma empresa para conceber e implementar estratégias para melhorar a sua eficiência e eficácia no mercado internacional.

Nos modelos VBR, o nível de desempenho da empresa interage com o meio envolvente dessa empresa, as empresas obtêm vantagens competitivas ao implementar estratégias que potenciem as suas forças internas através de uma resposta apropriada às oportunidades de mercado ao mesmo tempo que neutralizam ameaças externas e diminuem fraquezas internas, Barney,1991, Mintzberg, Ahlstrand e Lampel, 1998.

Estes modelos vêem a expansão internacional como um factor que contribui para o aumento do âmbito do desenvolvimento dos activos e capacidades existentes, criando oportunidades através de uma exposição a novos mercados e melhorando os resultados.

As oportunidades que o mercado internacional cria proporcionam uma aprendizagem organizacional, construindo novas capacidades e reduzindo riscos, competindo com mais sucesso com concorrentes nacionais e internacionais, Tallman, 1992.

O novo meio envolvente global está a transformar as condições competitivas para as PMEs, elas precisam de ter eficiência ao nível mundial para sobreviver nos mercados internacionais e não podem esperar para conseguir essa eficiência através de uma evolução sequencial com os seus próprios recursos, elas têm de adquirir e internalizar os recursos para o poder fazer rapidamente, Etemad e Wright, 2000.

Sendo tradicionalmente difícil obter o conhecimento tácito na internacionalização era pouco provável que as PMEs com recursos escassos conseguissem comprá-lo e obter uma vantagem competitiva nos mercados externos, mas as recentes melhorias revolucionárias nas tecnologias de informação e comunicação, tornam a aquisição do conhecimento crítico possível, até para as empresas mais pequenas, permitindo o seu sucesso no exterior.

As PMEs com organizações menos burocráticas e menos hierarquizadas do que as MNEs, permitem uma circulação de informação através dos diferentes níveis da gestão mais rápida, facilitando uma adaptação criativa quase imediata às exigências do cliente, Liesch e Knight, 1999.

Conclusões empíricas referem que as fontes mais frequentes de informação sobre os mercados externos são os agentes das empresas, os distribuidores, os representantes, numa palavra os intermediários no estrangeiro, Leonidou e Katsikeas, 1997, Peng e York, 2001.

Hoje em dia, o meio envolvente internacional de negócios conduz as empresas para formas alternativas de organização, "*networks*", alianças e outras parcerias estratégicas que estão a substituir as grandes hierarquias das MNEs, facilitando as transacções com o estrangeiro e criando vantagens competitivas para as PMEs, Achrol, 1991.

Tem sido também indicado como chave para ultrapassar as dificuldades de recursos na expansão internacional das PMEs o uso de alianças com empresas que têm conhecimento local, nomeadamente alianças com parceiros locais podem diminuir a lacuna desse conhecimento, "*Parceiros de alianças representam uma fonte importante de conhecimentos do país anfitrião para as PMEs,*" Lu e Beamish, 2001, p.570, e esta estratégia tem mostrado um meio efectivo de entrar em novos países.

As alianças são também importantes meios de ultrapassar outras faltas de recursos, tais como capital, equipamento e outros activos tangíveis, através da partilha de recursos entre parceiros na aliança. Finalmente deverá ser referido que com o papel crescente dos "*networks*" globais, o negócio internacional de hoje está cada vez mais facilitado pelas parcerias formais ou informais com distribuidores estrangeiros, empresas "*trading*", produtores complementares, empresas especializadas, assim como com compradores e vendedores.

Assim os *"networks"* são considerados como fontes de informação chave para as PMEs, que ajudam a acelerar a curva de aprendizagem internacional da empresa *"Ao participar em 'networks' internacionais, as PMEs criam canais de fluxos de informação e formação de conhecimento,"* Liesch e Knight, 1999, p.386.

Estamos na presença de uma progressiva substituição da clássica integração vertical das empresas, onde a grande dimensão era um requisito para o sucesso multinacional por novas formas de organização em *"network"* de empresas especializadas ligadas por objectivos comuns e sofisticados relacionamentos de troca, beneficiando das novas tecnologias de comunicação.

De facto ao participar em *"networks"* internacionais as PMEs criam condições de fluxos de informação e formação de conhecimento que ajuda a acelerar a curva de aprendizagem internacional da empresa, Peng, 2001.

Se a empresa não possui as capacidades e os recursos necessários para enfrentar os novos desafios globais, formar cooperação estratégica e alianças é muitas vezes o caminho para gerir o processo de globalização. Também muitas pequenas empresas necessitam de permanecer flexíveis à medida que as competências e capacidades para entrar no mercado internacional se constróem gradualmente, e a cooperação estratégica é muitas vezes um meio para aumentar a capacidade para ultrapassar os problemas de internacionalização relacionados com a dimensão, Johanson e Mattsson, 1988, Elg e Johansson, 2001.

Iborra, Menguzzato e Ripollés, 1998, consideram três tipos de *"networks"*, de troca, de comunicação e social. Os *"networks"* de troca e comunicação são formalizados entre diferentes parceiros e participantes mas os sociais são informais, os seus membros fazem parte de um ambiente sócio-económico fechado e estão ligados por objectivos comuns, confiança e compromisso moral e não por contratos.

Este tipo de *"networks"* são muito mais flexíveis do que os formalizados o que os torna mais eficientes em termos de ajustamento às mudanças do meio envolvente. Como exemplo deste tipo de *"network"* podemos citar, Yeung, 1997, p.41, *"o negócio chinês na Ásia está largamente enraizado em `networks´ de negócio que confiam substancialmente em relações sociais preexistentes em termos de negócios de família, laços étnicos, mecanismos de confiança e ligações institucionais."*

As afinidades existentes entre o tipo de *"network"* dos chineses ultramarinos e os *"networks"* de pequenas empresas em Itália não é de surpreender, uma vez que as estruturas industriais das sociedades chinesas e as dos países católicos latinos são muito similares, as empresas tendem a ser pequenos negócios de família, sendo sempre difícil recrutar gestores, fora da família ou do clã, por razões de falta de confiança e a existência de grandes unidades económicas é muitas vezes mais dependente do papel do Estado ou do investimento estrangeiro do que do empreendedorismo pessoal ou familiar, Fukuyama, 1995.

Na última década vários estudos empíricos identificaram um número crescente de empresas que têm uma presença activa no mercado internacional logo após o seu estabelecimento, negando o processo de internacionalização incremental.

São empresas que têm como alvo o mercado internacional ou até o mercado global desde o seu nascimento, empresas que fazem pelo menos 25% das suas vendas no estrangeiro depois de três anos de actividade e que normalmente trabalham produtos de avançada tecnologia, com importantes nichos de mercado em numerosos países que elas trabalham desde o início.

Em Iborra, Menguzzato e Ripollés, 1998, é referida a existência de um novo conceito de organizações em *"network"* as quais foram chamadas *"International New Ventures"* (INVs), e identificadas como uma organizações que beneficiam de vantagens competitivas integradas numa cadeia de valor internacional.

Oviatt e McDougall, 1994, referem estas organizações, como novas organizações internacionais, que obtêm importantes vantagens competitivas através da procura de recursos numa base internacional e de uma distribuição de produtos à escala de múltiplos países, estas empresas são conhecidas também por *"Born Globals"* e *"Global Start-ups"*, Knight e Cavusgil, 1996, Madsen e Servais, 1997, Madsen, Rasmussen e Servais, 2000, Moen e Servais, 2002, Knight e Cavusgil, 2004.

Estas novas organizações concentram-se na maximização das suas cadeias de valor, uma empresa que concorre internacionalmente deve decidir como espalhar as actividades da sua cadeia de valor por vários países, procurando localizações onde os factores estratégicos tenham vantagens competitivas.

Estes factores explicam, a rápida internacionalização destas organizações, orientadas por necessidades emergentes de tornar rentável o uso de recursos intangíveis de custos altamente elevados como, novas tecnologias, inovação e conhecimento dos mercados internacionais.

Muito da teoria sobre a internacionalização destas novas organizações tem posto em causa o processo tradicional de internacionalização onde a internacionalização necessita de tempo para aprendizagem e para ajustar rotinas internas, tentando ganhar conhecimentos de mercado gradualmente para reduzir incerteza e risco ao longo do tempo, uma vez que muitas empresas fazem uma entrada rápida na competição internacional devido à sua capacidade e visão empreendedora, Bell, 1995, Audio, Sapienza e Almeida, 2000.

O conhecimento continua a jogar um papel importante na teoria de internacionalização das novas organizações internacionais. Na teoria da escola Upssala, o conhecimento experimental dos mercados estrangeiros explica a escolha e o compromisso de recursos nesses mercados, na teoria de internacionalização das INVs, o conhecimento empreendedor e a visão dos mercados internacionais são apresentados como as chaves para a procura agressiva e rápida de oportunidades nos mercados externos.

As empresas necessitam de investir e desenvolver conhecimento para criar vantagens competitivas, o desenvolvimento de *"novo conhecimento tecnológico é importante para o sucesso nos mercados internacionais,"* Zahra, Ireland e Hitt, 2000, p. 926, este conhecimento ajuda a empresa a adaptar-se ao meio envolvente local, a capitalizar o dinamismo de mercado, a identificar as tendências e as mudanças tecnológicas emergentes que podem determinar o desempenho das empresas.

5.3 - Factores que Condicionam a Escolha e Compromisso das Empresas Portuguesas no Mercado Chinês

Sem estímulos as empresas não escolhem o mercado chinês e não aumentam progressivamente o seu compromisso com este mercado. O grau de compromisso está inter-relacionado com o conhecimento objectivo e experimental do mercado.

Nos resultados da análise da amostra concluiu-se que as empresas portuguesas têm estímulos externos para escolher o mercado chinês, ver Fig.5.1, sendo o mais importante estímulo externo a expansão do mercado, isto é consistente com os resultados apresentados em Ilhéu, 2002, onde 86% das empresas responderam que tinham escolhido o mercado chinês para conseguirem expandir o seu mercado.

Outros importantes estímulos externos para escolher a China como alvo são o mercado interno chinês e os pedidos recebidos da China. Podemos concluir desta análise que as empresas portuguesas não valorizam a utilização da China como plataforma exportadora, o que é um importante motivo para a presença das empresas estrangeiras na China como referimos antes. Vemos também que a escolha do mercado chinês não é estimulada pela possibilidade de esvaziar a concorrência.

Fig.5.1 - Estímulos Externos para Escolher o Mercado Chinês

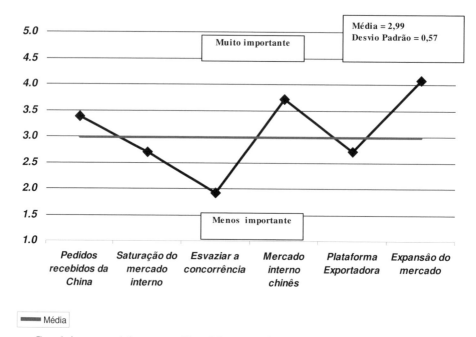

Concluiu-se também na análise feita, que de uma maneira geral, as empresas portuguesas não têm estímulos internos para escolher o mercado chinês.

O único estímulo interno que as empresas portuguesas consideram para escolher o mercado chinês é a possibilidade que este mercado oferece para aumentar a rendibilidade. A possibilidade de assegurar fontes de abastecimento não é considerado pelas empresas nem um estímulo nem um factor condicionante, isto quer dizer, que as empresas portuguesas não estão ainda a considerar importante, a integração da China nas suas cadeias de valor, o que é uma outra oportunidade que a China oferece às empresas estrangeiras que ali investem e que as empresas portuguesas não estão a considerar.

Devido às características do mercado chinês, existe um largo consenso entre as empresas portuguesas, que a existência de incentivos e de apoio governamental é importante para escolher e penetrar no mercado chinês com sucesso e tendem a considerar como obstáculos que condicionam a sua escolha da China como mercado alvo, a falta desses incentivos e o seu baixo grau de satisfação com o apoio prestado pelo governo português com esse objectivo, ver Fig.5.2.

Fig.5.2 - Identificação dos Estímulos e Obstáculos

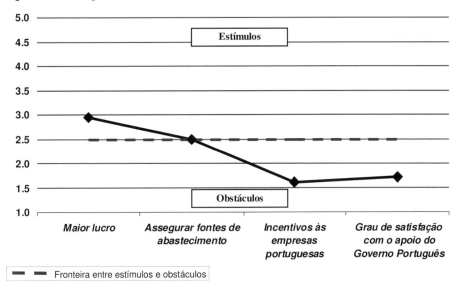

As empresas consideram a disponibilidade de informação, incentivos às empresas portuguesas, actividades promocionais e mais suporte logístico na China, os apoios governamentais mais importantes, para entrar no mercado chinês, ver Fig.5.3.

Fig.5.3 - Importância do Apoio do Governo Português para Entrar no Mercado Chinês

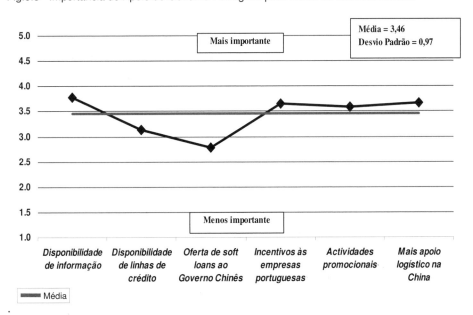

Existe a opinião generalizada que os incentivos e o apoio recebido do governo português para entrar no mercado chinês não são satisfatórios, ver Fig. 5.4.e Fig.5.5.

Fig.5.4 - Grau de Satisfação das Empresas Portuguesas com os Incentivos do Governo Português para Entrar no Mercado Chinês

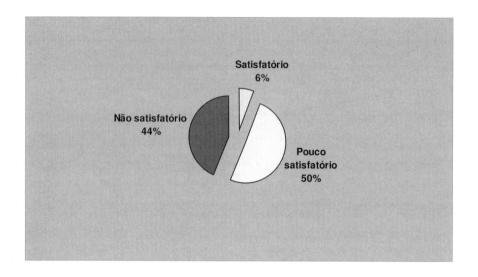

Fig. 5.5 - Grau de Satisfação com o Apoio do Governo Português para Entrar no Mercado Chinês

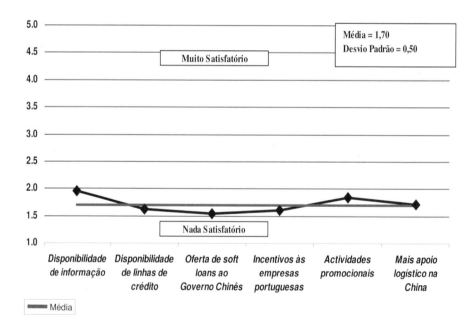

Concluímos assim que o apoio e incentivos do governo português à entrada no mercado chinês, importantes estímulos internos não só são considerados não

satisfatórios em geral pelas empresas, como precisamente o tipo de apoios considerados por estas, como muito importantes, são nada satisfatórios, ver Fig.5.6.

Fig.5.6 - Grau de Importância do Apoio do Governo Português por Tipo de Estímulo versus Grau de Satisfação com esses Estímulos

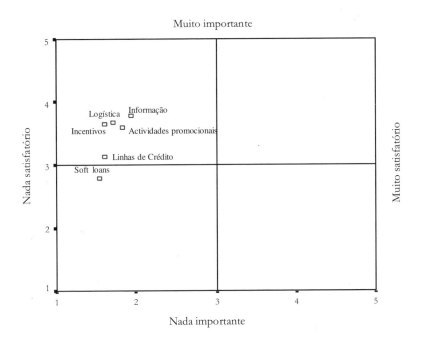

Assim, podemos concluir que um dos factores mais importantes que condicionam a escolha e compromisso das empresas portuguesas no mercado chinês é ausência de apoio apropriado do governo português.

Encontramos também uma correlação negativa na intensidade e na direcção do relacionamento entre a percepção da importância do apoio do governo e a satisfação com o apoio do governo português, quer dizer quanto mais alta a percepção mais baixa a satisfação.

As empresas portuguesas abertamente expressaram que necessitam de muito mais apoios do governo português do que aquele que têm neste mercado, dadas as especificadas do contexto de negócios ali existente, nomeadamente, fizeram as seguintes sugestões, ver Fig.5.7.

Fig.5.7 - Sugestões de Apoio do Governo Português

1-"Acção coordenada das entidades portuguesas junto das autoridades chinesas"
2-"Maior empenhamento do Icep e Ministério dos Negócios Estrangeiros Português"
3-"Reforçar o relacionamento institucional"
4-"Missões diplomáticas de alto nível à China com a participação de empresas"
5-"Melhores canais de comunicação entre a Embaixada Portuguesa em Pequim e as empresas portuguesas"
6-"Dialogar com o governo chinês para reduzir a burocracia nas importações chinesas"
7-"Organizar Forums para promover as relações económicas e comerciais"
8-"Abrir canais de relacionamento com empresários chineses "
9-"Organizar missões chinesas a Portugal"
10-"Oferecer seguros de crédito à exportação, cobertura de 80 a 90%"
11-"Promover a imagem de Portugal como um país europeu em termos de inovação e tecnologia"
12-"Promover a imagem das empresas portuguesas na China"
13-"Organizar a participação de empresas portuguesas em feiras na China"
14-"Lançar um fundo de investimento para financiar projectos específicos de consórcios portugueses na China"
15-"Abrir Centros Portugueses de Negócios em Pequim, Xangai e Cantão"
16-"Realizar estudos de mercado – focar canais de distribuição"
17-"Revisão dos custos de transporte na China"
18-"Redução dos custos dos créditos na China"
19-"Incentivos fiscais – redução da retenção de 15% do IVA na comissão dos agentes na China"

Consideramos nesta análise que Macau que foi, até Dezembro de 1999, um território sob administração portuguesa onde a língua portuguesa ainda hoje é falada e onde a distância cultural é encurtada pela presença da cultura portuguesa misturada com a chinesa, onde muitos portugueses ainda têm a sua vida profissional, quer na administração pública, quer no sector privado, e onde algumas empresas portuguesas ainda operam, poderia ser percebida pelas empresas portuguesas como um suporte, uma porta de entrada na China.

Analisamos também comparativamente a percepção das empresas portuguesas sobre a importância de Hong Kong como porta de entrada na China.

Pesquisamos ainda a possibilidade das empresas portuguesas considerarem o "*network*" dos chineses ultramarinos em Macau, em Portugal, ou noutro local como uma boa aproximação ao negócio na China, podendo ser considerados um apoio, um estímulo interno, para escolher a China como mercado alvo.

Concluímos que as empresas portuguesas tendem a concordar que Hong Kong é uma porta de entrada mais importante que Macau, ver Fig. 5.8..

Macau é também considerado em geral, menos importante que o "*network*" dos chineses ultramarinos como apoio à entrada no mercado chinês e portanto Macau não pode ser considerado um estímulo para as empresas portuguesas escolherem a China como mercado.

Fig.5.8 - Percepção de Macau como Estímulo para Escolher o Mercado Chinês

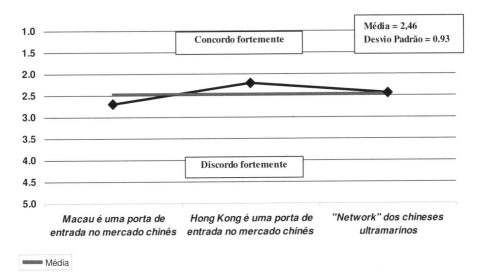

A pouca importância de Macau como estímulo para as empresas portuguesas escolherem o mercado chinês é confirmada pelo facto de apenas 14% das empresas portuguesas com escritórios na China, terem escolhido os seus parceiros através do "*network*" dos chineses ultramarinos em Macau.

Podemos concluir que as empresas portuguesas têm um pequeno estímulo interno para escolher a China como mercado alvo, que é o aumento de lucro e têm dois grandes factores que condicionam essa escolha que são a não existências de incentivos e de outro tipo de apoios do governo português para o fazer.

Como vimos no Capítulo IV as empresas portuguesas têm um compromisso muito pequeno no mercado chinês, em termos de percentagem de empresas com investimento na China, a forma e o tipo desse investimento, e a percentagem do mercado chinês no total do volume de vendas das empresas.

Tentamos compreender quais os factores que condicionam um maior compromisso das empresas portuguesas na China e como vimos as empresas têm uma correcta percepção da importância do mercado chinês para os seus negócios, assim como dos factores cruciais de sucesso na China, a sua filosofia de negócios pode considerar-se aceitável.

No entanto, não podemos concluir que as empresas portuguesas e os seus gestores tenham um bom conhecimento objectivo do mercado chinês e as empresas consideram que a informação que têm sobre o mercado chinês não é suficiente e condiciona uma maior aposta neste mercado nomeadamente ao nível de compromisso de recursos.

Por outro lado, vimos pela análise da amostra que a intensidade da experiência das empresas portuguesas no mercado chinês é média e limitada sendo muito concentrada nas actividades de exportação directa.

Nomeadamente, têm muito pouca experiência no investimento na China que tem sido até ao presente o principal modo de entrada neste mercado. De facto as empresas portuguesas consideram que a intensidade e diversidade da sua experiência no mercado chinês são factores que condicionam um maior compromisso neste mercado.

Bibliografia

- Achrol, Ravi S., 1991, Evolution of the Marketing Organization: New Forms for Turbulent Environments, Journal of Marketing, Vol. 55 (October), pp. 77-93.
- Andersen, O., 1993, On the Internationalization Process of Firms. A Critical Analysis, Journal of International Business Studies, 24 (2), pp.209-32.
- Autio, Erkko, Harry J. Sapienza, e James G. Almeida, 2000, Effects of Age at Entry, Knowledge Intensity, and Imitability on International Growth, Academy of Management Journal, Vol. 43, Nº 5, pp.909-924.
- Barkema, Harry G., John H. J. Bell e Johannes M. Pennings, 1996, Foreign Entry, Cultural Barriers and Learning, Strategic Management Journal, Vol. 17, pp.151-166.
- Barney, Jay, 1991, Firm Resources and Sustained Competitive Advantage, Journal of Management, Vol. 17, Nº 1, pp.99-120.
- Bell, Jim, 1995, The Internationalization of Small Computer Software Firms; A Further Challenge to "Stage", Theories, European Journal of Marketing, Vol. 29, Nº 8, pp.60-75.
- Bradley, Frank, 2002, International Marketing Strategy 4th, FT Prentice Hall
- Cavusgil, S.T. e Jr. Nevin, 1980, Conceptualizations of the Initial Involvement in International Marketing, in Theoretical Developments in Marketing, American Marketing Association, Phoenix, April.
- Conner, K.R., 1991, A Historical Comparison of Resource-Based Theory and Five Schools of Thought within Industrial Organization Economics: Do We Have a New Theory of the Firm? Journal of Management, Vol.17, Nº 1, pp.121-154.
- Dunning, J. H., 1988, The Eclectic Paradigm of International Production, a Restatement and Some Possible Extensions, Journal of International Business Studies, Spring, pp.1-31.
- Elg, Ulf e Ulf Johansson, 2001, International Alliances: How They Contribute to Managing the Interorganizational Challenges of Globalization, Journal of Strategic Marketing, 9, pp.93-110.
- Etemad, Hamid e Richard W. Wright, 2000, From Guest Editors, Journal of International Marketing, Vol.8, Nº 2, pp.4-7.
- Fladmoe-Lindquist, K. e S. Tallman, 1997, in Strategic Management in a Global Economy, Wortzel, H.V. e L. H. Wortzel, John Wiley and Sons, Inc., pp.149-167.
- Fukuyama, F., 1995, Trust, New York: Free Press.
- Garcia, Cruz R., 2000, Marketing International 3rd, ESIC.

- Govindarajan, V., 1999, Note on the Global Paper Industry, Tuck School of Business Administration, Dorthmouth College.
- Govindarajan, V. e A. Gupta, 2001, The Quest for Global Dominance, Jossey Bass.
- IAPMEI/ Gabinete de Estudos, 2002, June, www.iapmei.pt
- Iborra, M., Menguzzato M. e M. Ripollés, 1998, Creation de Empresas Internationales: Redes Informales y Obtención de Recursos, Revista Europea de Dirección y Economía de la Empresa, Vol. 7 (3), pp.147-160.
- INE- Estatísticas, 2005.
- Johanson, J. e F. Wiedersheim-Paul, 1975, The Internationalization of the Firm-Four Swedish Cases, Journal of Management Studies, 12(3), pp.305-22.
- Johanson, J. e J.E. Vahlne, 1977, The Internationalization Process of the Firm-a Model of Knowledge Development and Increasing Foreign Market Commitments, Journal of International Business Studies, 8(1), pp.23-32.
- Johanson, J. e L.G. Mattsson, 1988, Internationalization in Industrial Systems: A Network Approach, in Strategies in Global Competition, N Hood e J.E. Vahlne, New York; Croom Helm, pp.287-314.
- Knight, A.Gary e S. Tamar Cavusgil, 1996, The Born Global Firm: A Challenge to Traditional Internationalization Theory, Advances in International Marketing, 8, S. Tamer Cavusgil, ed Greewich, CT: JAI Press, pp.11-26.
- Knight, A.Gary e S. Tamar Cavusgil, 2004, Innovation, Organizational Capabilities, and the Born-Global Firm, Journal of International Business Studies, Online Publication 8 January, pp.124-141.
- Leonidou, Leonidas C. e Constantine S. Katsikeas, 1997, Export Information Sources: The Role of Organizational and Internationalization Influences, Journal of Strategic Marketing, 5, pp.65-87.
- Liesch, Peter W. e Gary A. Knight, 1999, Information Internationalization and Hurdle Rates in Small and Medium Enterprise Internationalization, 30 (1), pp.383-394.
- Lu, Jane, W. e Paul W. Beamish, 2001, The Internationalization and Performance of SMEs, Strategic Management Journal, 22, pp.565-586.
- Luo, Yadong e Mike W. Peng, 1998, First Mover Advantage in Investing in Transitional Economies, Thunderbird International Business Review, 40 (2), pp.141-163.
- Luo, Yadong e Mike W. Peng, 1999, Learning to Compete in a Transition Economy: Experience, Environment, and Performance, Journal of International Business Studies, Vol. 30, (2), pp.269-295.
- Madsen, T.K. e P. Servais, 1997, The Internationalization of Born Globals: an Evolutionary Process? International Business Review, Vol.6, Nº 6, pp.561-583.
- Madsen, T.K., E. Rasmussen e P. Servais, 2000, Differences and Similarities between Born Globals and Other Types of Exporters. Advances in International Marketing, Nº 10, pp.247-265.
- Makino, Shige e Andrew Delios, 1996, Local Knowledge and Performance Implications for Alliance Formation in Asia, Journal of International Business Studies, Special Issue, pp.905-927.
- Mintzberg, H., B. Ahlstrand e J. Lampel, 1998, Strategy Safari, FT Prentice Hall.
- Moen, Oystein e Per Servais, 2002, Born Global or Gradual Born? Examining the Export Behavior of Small and Medium-Sized Enterprises, Journal of International Marketing, 10, 3, pp.49-72.
- Oviatt, B.M. e P.P. McDougall, 1994, Toward a Theory of International New Ventures, Journal of International Business Studies, 1st Q, pp.45-64.
- Peng, Mike, W., 2001, The Resource-Based View and International Business, Journal of Management, (27), pp.803-829.
- Peng, Mike W. e Anne S. York, 2001, Behind Intermediary Performance in Export Trade: Transactions, Agents, and Resources, Journal of International Business Studies, 32 (2), pp.327-346.
- Porter, Michael E., 1985, Competitive Advantage, Creating and Sustaining Superior Performance, Free Press.
- Porter, Michael E., 1990, The Competitive Advantage of Nations, Macmillan, London.
- Tallman, S., 1992, A Strategic Management Perspective on Host Country Structure of Multinational Enterprises, Journal of Management, Vol. 18, Nº 3, pp.455-471.
- UNCTAD, 2001, World Investment Report, www.unctad.org.
- UNCTAD, 2002, Trade and Development Report, www.unctad.org.
- Yeung, H. Wai-Chung, 1997, Transnational Corporations from Asian Developing countries: Their Characteristics and Competitive Edge, in Strategic Management, in a Global Economy, Wortzel, H.V. e L. H. Wortzel, John Wiley and Sons, Inc., pp.22-45.
- Zahra, Shaker A, R. Duane Ireland e Michael A. Hitt, 2000, International Expansion by New Venture Firms: International Diversity, Mode of Market Entry, Technological Learning, and Performance, Academy of Management Journal, Vol. 43, Nº 5, pp.925-950.

Capítulo VI
O Modo de Entrada na China

6.1 - A Escolha do Modo de Entrada

A escolha do modo de entrada é uma decisão central na estratégia de marketing internacional, porque determina a presença futura da empresa e os seus planos no mercado externo onde a empresa pretende entrar, sendo uma condicionante à expansão futura da empresa nesse mercado se essa decisão tiver sido errada e é considerada uma decisão crítica porque uma vez tomada qualquer alteração é difícil e dispendiosa.

Num sentido lato, pode identificar-se três modos de entrada estruturantes: exportação (indirecta, directa), alianças estratégicas (licenciamento, franchising, joint--ventures) e investimento directo estrangeiro (empresas novas, aquisições), Bradley, 2002.

O modo de entrada reflecte o grau de compromisso da empresa no mercado internacional e num processo dinâmico, gradualmente a empresa poderá atingir o investimento directo estrangeiro, o estado mais avançado de internacionalização de uma empresa. Por outro lado o modo de entrada depende das características dos produtos e serviços que vão ser internacionalizados e da macro envolvente de negócios dos países para onde vão.

Este processo gradual pode ser mais ou menos rápido e diferente para mercados diferentes, em certos mercados a empresa pode optar por IDE desde o início por uma questão estratégica ou por imposição do próprio meio envolvente desse mercado.

Todas as empresas querem obviamente escolher o melhor modo de entrar num mercado, mas isso é difícil de determinar, porque ele vai ter que correlacionar as forças e fraquezas da empresa com as características da envolvente de negócios do mercado onde a empresa pretende entrar e também é condicionado pelas características estruturais e estratégicas das empresas.

Pode dizer-se que não existe uma entrada estratégica única melhor que as outras e que diferentes canais alternativos têm que ser analisados tendo em consideração o potencial de mercado, o marketing da concorrência, o risco percebível na operação, o investimento necessário assim como os recursos disponíveis (nomeadamente as capacidades de gestão) tendo também em consideração a política da empresa no compromisso com um mercado específico.

Por outro lado, a escolha do modo de entrar é feita também em função dos recursos a comprometer, o controlo necessário, o risco que a empresa está disposta a correr e os objectivos de lucro, a escolha do modo de entrada é muitas vezes um compromisso entre estes atributos e muitas empresas internacionais só decidem comprometer-se num mercado com IDE depois de primeiro terem estabelecido ali uma sucursal de vendas, o que por sua vez, só acontece quando a empresa já trabalha o mercado com um agente.

Os custos de mão-de-obra e a qualidade dos factores produtivos explicam muitas vezes a escolha do modo de entrada, quando um país tem vantagens significativas em custos de trabalho ou em qualidade de outros factores produtivos locais, este país será o local de produção e fornecerá os outros países via exportação. Neste caso as empresas terão de ter uma unidade de produção no país que possui essas vantagens competitivas se a empresa quer ter uma posição estratégica na competição mundial.

A Teoria dos Custos de Transacção trata a escolha do modo de entrada na perspectiva da escolha da integração vertical do negócio internacional e possíveis alternativas de processos diferentes de controlo e integração, desde o modo de entrada contratual até à integração completa, Caves, 1982, Anderson e Gatignon, 1986, Hill e Kim, 1988, Hill, Hwang e Kim, 1990, Kim e Hwang, 1992.

A Teoria Ecléctica ou Modelo OLI, Dunning, 1980, 1988, do modo de entrada, faz a decisão de entrar num novo mercado e a escolha do modo de entrar depender de três factores: vantagens específicas próprias, vantagens específicas locais e internalização de vantagens específicas.

As vantagens próprias da empresa são a posse de factores únicos quer dizer recursos, capacidades desenvolvidas no país de origem. De acordo com Porter, 1980 e Dunning, 1980, a habilidade das empresas para adquirir vantagens específicas próprias está relacionada com os factores específicos do seu país de origem, o que é a base das suas vantagens próprias.

Citando Dunning, 1980, p.11, *"A posse de vantagens próprias determina que empresas vão fornecer um mercado externo específico enquanto que o padrão de localização de factores explica se a empresa irá fornecer o mercado via exportações (comércio) ou por produção local (não comércio)."*

Vantagens locais estão ligadas a factores específicos de um país estrangeiro que podem incluir mão-de-obra barata, processos superiores de produção, imagem local, barreiras governamentais ao comércio ou outras, o que pode justificar deslocalizar a produção para esse país por forma a obter novas vantagens competitivas que podem ser internamente potenciadas através de recursos complementares da empresa como distribuição internacional, marca, tecnologia, design, activos financeiros, etc.

As vantagens locais podem ser adquiridas por via de licenciamento com um parceiro local, negociação com um contrato fornecimento ou a posse de uma unidade de produção através de IDE.

A internalização destes factores é justificada quando o licenciamento é arriscado ou contratar um fornecedor não é satisfatório então a empresa usa o IDE para obter vantagens locais.

Em certas circunstâncias o uso de um parceiro local pode ser necessário para completar os recursos próprios da empresas, para fornecer activos complementares localizados, tais como canais de distribuição, facilidades de produção, conhecimento do mercado, assim mesmo em países onde a posse de empresas pelos estrangeiros com 100% de capital próprio é legalmente autorizada na maioria dos sectores, como é o caso da China muitos investidores continuam a procurar parceiros locais.

Quando as empresas estreitam o seu relacionamento com parceiros locais em *"networks"*, joint-ventures ou qualquer forma de alianças estratégicas, as empresas ganham conhecimento das capacidades desses parceiros e do meio envolvente do país em geral, o que proporciona novas oportunidades que podem levar a um reforço de cooperação, assim é do interesse do parceiro estrangeiro desenvolver um *"network"* de relacionamentos no mercado onde quer entrar por forma a colher benefícios para além do âmbito das suas actividades específicas, Hyder e Ghauri, 2000.

Os relacionamentos em *"network"*, podem complementar as capacidades específicas das empresas e viabilizar o seu estabelecimento num mercado estrangeiro, especialmente no caso de pequenas empresas, nomeadamente, por reduzirem os custos de transacção, as barreiras de entrada e falta de activos estratégicos encorajando o IDE.

Estes *"networks"*, podem ser utilizados para obter apoio logístico, informação de mercado e assistência tecnológica para apoiar as operações nos mercados externos e ganhar economias de escala e âmbito.

É importante referir que o modo de entrada pode ser altamente condicionado pelos requisitos do contexto político ou legal específico do país alvo, que pode obrigar a empresa a escolher um modo de entrada que não passa por um compromisso progressivo mas assume a forma de compromisso mais exigente, o IDE, desde o início.

Em todos os anos de política *"Reforma e Porta Aberta"*, iniciado pela China em 1978, o modo de entrada no mercado chinês foi via IDE, ainda hoje apesar da adesão da China à OMC ter ocorrido em 2001, em alguns sectores de actividade este é o único modo de entrada.

O modo de entrada via IDE, pode ser não obrigatório, mas ser altamente encorajado pelos incentivos dos governos dos países anfitriões ou as empresas estrangeiras podem ser empurradas para esse modo de entrada pela via burocrática que estabelece as regras do jogo para os estrangeiros que querem entrar no mercado, o que é um percurso mais sinuoso, porque legalmente não está estabelecido que tem que ser assim, mas a empresa vai aprender com a experiência ao sentir imensos bloqueamentos a outros modos de entrada.

Este é o caso em muitos países em vias de desenvolvimento e também na China, onde os burocratas, a menos que o produto seja importante para o desenvolvimento do país, forçam as empresas estrangeiras a entrar via IDE.

De acordo com o relatório do USA Department of State, 2002, as importações na China têm sido muito controladas, uma vez que embora para muitos produtos os regulamentos chineses digam que a emissão de licença de importação é *"automática"*, quem requer a licença tem de provar que existe procura e que tem divisas suficientes para pagar a transacção. Isto permite que um burocrata local bloqueie a aprovação da licença sem qualquer explicação. O exportador vai perceber que por esta via nunca vai ter uma presença significativa no mercado.

6.2 - Joint-venture ou WFOEs (Empresas com 100% Capital Estrangeiro)

Num país de partido único, como a República Popular da China, a macro envolvente política e legal tem um impacto muito forte no desenvolvimento económico e social do país.

A evolução das políticas e as constantes revisões legais, levam os estrangeiros a ter um consenso generalizado, de que a China tem um plano de longo prazo para o desenvolvimento económico através de uma economia de mercado, mas sem renegar a sua opção política socialista.

A principal dificuldade está em prever o grau de envolvimento do Estado na economia e até que ponto as autoridades chinesas vão respeitar os compromissos assumidos com a assinatura do acordo WTO, em Dezembro 2001, assim como o número de anos necessários para atingir o estádio de *"economia socialista de mercado"*.

Durante todos estes anos de Reforma, a macro envolvente política e legal restringiu completamente o âmbito do negócio a desenvolver na China, o local para o seu desenvolvimento e em muitas actividades o modo de entrar no mercado, Vanhonaker e Pan, 1997.

Mas com a evolução desta Reforma e sobretudo com a adesão ao WTO, os graus de liberdade têm aumentado e algumas decisões como o modo de entrada podem ser consideradas cada vez mais como uma opção estratégica, embora em alguns tipos de negócio seja ainda uma limitação da macro envolvente legal do mercado chinês.

Um importante modo de entrada na China é ainda através da constituição de empresas joint-ventures entre estrangeiros e parceiros locais, mas pode ser discutido se esta é uma escolha acertada.

De acordo com Calantone e Zhao, 2001, a dificuldade de compreender o mercado chinês, a imprevisibilidade política, a falta de transparência do sistema legal, o poder dos burocratas e a necessidade de não perder os seus favores, deixa em muitos investidores estrangeiros a ideia de que deverão confiar nos seus parceiros chineses para os ajudar a reduzir o risco.

A estas razões para escolher uma joint-venture como um modo de entrada são também acrescidas as vantagens de ter acesso a recursos locais, melhores resultados nas negociações com governos locais e menores custos. No entanto, tem-se verificado um elevado clima de conflitualidade e insucesso nestas joint-ventures, o que se deve principalmente a diferentes objectivos e capacidades, ética nos negócios, problemas financeiros, compromissos locais e dificuldade de controlo, em grande parte por falta de conhecimento do sócio estrangeiro, da cultura e do mercado chinês, Calantone e Zhao, 2001, Tenbrige Survey 1999, Vanhonaker e Pan 1997.

As vantagens e problemas e o sucesso ou insucesso das joint-ventures são alguns dos tópicos mais pesquisados por académicos e consultores internacionais, e alguns estudos começam a recomendar como modo de entrada as WFOEs.

Também Luo, 2000, pg.6, recomenda esta opção dizendo "*a forma WFOE oferece aos investidores estrangeiros uma flexibilidade e controlo crescentes, dentro das limitações do sistema chinês. As WFOEs também permitem aos gestores, uma expansão tão rápida como pretendem e para onde querem, sem o peso de um parceiro pouco cooperante. As WFOEs também permitem que o investidor estrangeiro estabeleça e proteja os seus próprios processos e procedimentos, o que leva a uma estratégia e operacionalidade de maior visão."*

Mas algumas precauções devem ser tomadas pelos gestores das WFOEs para garantir o sucesso destas operações, nomeadamente eles deverão identificar com exactidão, quais os relacionamentos locais que os podem ajudar e quem são as pessoas certas para estabelecer os seus relacionamentos e depois contratar essas pessoas ou entidades como conselheiros e intermediários para esses contactos.

Como os chineses não querem que as empresas estrangeiras, tirem vantagens do seu país, os gestores das WFOEs devem precaver esse tipo de problema, localizando a produção, comprando o maior número possível de partes e componentes aos fornecedores locais chineses, contratando gestores chineses e sendo socialmente activos em projectos importantes para a comunidade local chinesa, como por exemplo fazem a Coca-Cola e a Motorola.

6.3 - A Importância da Diáspora Chinesa na Realização de Negócios com a China

A Reforma e Política de Porta Aberta iniciadas por Deng Xiaoping em 1978, que estão na origem do desenvolvimento chinês com taxas médias de crescimento de 9,5% desde 1980, contou desde o início com o forte empenho dos chineses ultramarinos que foram chamados a colaborar pelo governo chinês nessa missão patriótica.

O governo chinês considera o continente chinês como a mãe pátria da civilização chinesa em função da qual todas as comunidades chinesas se devem orientar. Para o governo chinês a Diáspora Chinesa mesmo quando constituída por cidadãos de outros países, são membros da comunidade chinesa e como tal em certa medida seus súbditos.

Esta visão tem sido utilizada pelo governo chinês para fazer apelo aos sentimentos patrióticos que todos os chineses que vivem no estrangeiro têm, independentemente do local onde vivem, para participar no desenvolvimento da mãe pátria através de colaboração comercial e investimento, é esperado também que com a sua experiência e o seu espírito empreendedor introduzam na China tecnologia e práticas modernas de gestão.

De referir que nos anos 80 e de acordo com o estudo da OCDE, sobre a China publicado em 2002, cerca de 80% do investimento estrangeiro na China veio da Diáspora Chinesa, sendo 50% proveniente de Hong Kong, a base para estes investimentos, e mais 15% dos países asiáticos onde existe uma predominância económica chinesa e o restante de chineses dos EUA, Austrália e Europa.

Só nos anos 90, o investimento directo estrangeiro de origem não chinesa começou a ter expressão e muitos destes investimentos eram feitos em parceria com chineses ultramarinos, nomeadamente, de Hong Kong, Taiwan, Singapura e outros locais, que asseguravam o controlo da produção na China, enquanto o sócio estrangeiro se encarregava do marketing, nomeadamente, da distribuição na Europa, nos EUA, na Austrália, Japão, etc.

No projecto de desenvolvimento de infra-estruturas a China contou desde o início também com a participação dos chineses ultramarinos que procuraram parceiros estrangeiros que trouxessem tecnologia e os necessários pacotes financeiros.

Por outras palavras, o desenvolvimento chinês poderia ter sido muito diferente se não tivesse à partida contado com o sentimento patriota desta comunidade, que desde a primeira hora, levou para a China o seu capital, tecnologia e o acesso aos mercados externos para onde as suas fábricas escoavam os produtos produzidos com os baixos salários da mão-de-obra do continente chinês.

Há muitas gerações que os empreendedores emigrantes chineses operam num "*network*" de família e clã, criando condições para fortes relacionamentos comerciais transnacionais.

Os chineses ultramarinos possuem negócios de monta na Ásia Oriental, EUA, Canadá, Austrália e Europa, e fazem cada vez mais parte da chamada "*Chinese Commonwealth*" por contraponto à bem sucedida "*British Commonwealth*", e que o Banco Mundial identifica nos seus estudos como "*Chinese Economic Area*". Não estando sediada em nenhum país esta comunidade é essencialmente um "*network*" de relacionamentos comerciais.

Para os chineses o "*network*" foi sempre um fundamento cultural, seguindo a filosofia de Confúcio de que o indivíduo é incapaz de sobreviver por si só.

Com diferentes actividades e diferentes dimensões conforme os locais onde vive, a "*Chinese Commonwealth*" é constituída por muitas empresas, muitas delas de dimensão quase individual e na maioria das vezes familiar, espalhadas à volta do mundo que têm em comum a mesma cultura.

Esta cultura comum é o cimento de um império de cerca de 55 milhões de pessoas interligadas por sistemas de associações, sociedades de protecção, grémios, grupos vários, "*tongs*", seitas, que individualmente e em conjunto fornecem os relacionamentos pessoais e os elos financeiros que fazem dos chineses ultramarinos, uma forte potência.

É um império sem fronteiras, sem um governo nacional e sem uma bandeira mas que se revê no governo e na bandeira chinesa, sem no entanto renegar ou ser infiel aos governos e às bandeiras dos seus países de acolhimento, pronto a ser uma ponte entre essas duas realidades.

Destes 55 milhões cerca de 50 milhões vive na Ásia Oriental e compreende grupos muito heterogéneos baseados em muitos dialectos e sub-dialectos a que correspondem muitas sub-culturas, diversos tipos de actividades e diversas características empresariais.

A Diáspora Chinesa emerge como a principal força por detrás do crescimento das economias do Rim do Pacífico, nenhum grupo é mais empreendedor e mais comercial, os investidores na Ásia sabem que a melhor maneira de concretizar projectos é penetrar e ser aceite no "*network*" dos chineses ultramarinos.

Nos estudos sobre negócios com o mundo chinês, o "*network*" de relacionamentos tem sido referido como um dos factores chave que contribuem para o enorme sucesso do negócio dos chineses em Hong Kong e noutros países asiáticos.

Os membros da Diáspora Chinesa dominam o comércio e o investimento em todos os países da Ásia Oriental com excepção do Japão e da Coreia do Sul, eles possuem não só o maior reservatório de capital mas também os relacionamentos políticos e a informação prática para sobreviver em diferentes mercados como China, Indonésia, Vietname, Malásia, Singapura, nestes mercados as recomendações de membros respeitados da comunidade chinesa abre muitas portas.

A começar pelos valores, independentemente de onde vivem e da sua riqueza, os chineses ultramarinos partilham a crença, de que o trabalho árduo, o papel da família, o valor da confiança, a frugalidade, o ênfase na elevada educação, a integridade, o planeamento a longo prazo e as suas capacidades empresariais os conduzirá ao sucesso. Para os chineses ultramarinos estes atributos não são relíquias do seu passado cultural mas códigos de comportamento e vivência actual.

De facto o sucesso da Diáspora Chinesa nos seus locais de integração tem sido alvo de muitos estudos de académicos e de "*gurus*" de gestão, que concluem que esse sucesso é uma realidade que se deve à sua capacidade de trabalho, aos seus relacionamentos e à sua habilidade para manter os custos baixos, e a explicação para este comportamento é encontrada nos ensinamentos de Confúcio que exalta os valores da família, do trabalho, da educação e da solidariedade de clã.

A emigração chinesa não é um fenómeno recente concentrado na pós-revolução comunista, de facto a maior vaga de emigração registou-se no tempo do colonialismo europeu na Ásia, quando os chineses fugiram da fome e da peste e procuraram trabalho nas plantações e minas dos colonos europeus do Sudeste Asiático. Muitos deles com o tempo tornaram-se pequenos comerciantes e quando os colonialistas partiram, no fim da Segunda Guerra Mundial, de locais como Indonésia e Malásia, os chineses eram os comerciantes locais com mais experiência.

De facto os chineses são 10% da população da Tailândia e possuem 90% de todos os investimentos no sector comercial e industrial e 50% dos investimentos na banca e no sector financeiro, na Indonésia são 4% da população e dominam 70 a 75% do capital privado interno, na Malásia tem 37% da população e controlam, entre 55 a 60% da economia, em Singapura 80% da população é chinesa e controla a economia, nas Filipinas 3% da população é chinesa e controla 70% da economia.

Mas também em países não asiáticos, a presença dos chineses na economia se faz sentir, por exemplo no Canadá em Vancouver 20% da população já é chinesa, na Califórnia, áreas residenciais de luxo estão a ser adaptadas e decoradas em conformidade com as regras de bom "*feng shui*" da cultura chinesa, em Londres a sua presença é bem notada na Bolsa e nos negócios.

As incertezas e riscos derivados da sua vida de emigrantes reforçaram a tendência dos chineses ultramarinos para praticarem um estilo controlado de fazer negócios. A maioria das suas empresas, mesmo grandes conglomerados económicos à escala internacional, continuam a ser negócios de família dirigidos pelo patriarca que toma as decisões cruciais e a maioria dos negócios são feitos com pessoas que ele conhece e confia.

Um benefício desta cultura é a rapidez, os chineses têm uma intuição grande para o lucro, decidem rapidamente, são pragmáticos e não legalistas, outra vantagem é paciência, com o controlo de propriedade e de gestão os chineses ultramarinos têm uma visão de longo prazo dos seus investimentos.

Acima de tudo a informação sobre negócios e os fluxos de capital movem-se rapidamente através da comunidade dos chineses ultramarinos porque os seus membros funcionam em "*network*".

Os fundamentos deste eficiente "*network*" é conhecido por "*guanxi*", relacionamentos pessoais, de ligações familiares, de clã, de local de nascimento, parceiros de negócio, é um sistema de complicadas práticas de negócio com o objectivo de atingir economias de escala e que coloca grande ênfase no relacionamento com outras empresas chinesas e com os burocratas da administração pública e entidades governamentais.

De referir que os mercados financeiros informais da *"Chinese Commonwealth"* são enormes, o capital circula no sistema social único dos relacionamentos obtidos via *"guanxi"*, sendo disponibilizado para novos investimentos sem necessidade de intervenção dos bancos comerciais, profissionais de crédito ou empresas de capital. Já em 1995, Seagrave no seu livro *"Lords of the Rim: The Invisible Empire of the Overseas Chinese"* referia que os activos desta comunidade valiam cerca de dois triliões de dólares.

Os relacionamentos com o poder político são também bastante importantes na China, onde os chineses ultramarinos usam *"guanxi"* para ultrapassar os problemas da ausência ou falta de transparência das leis e regulamentos, para além disso, num meio envolvente de negócios tão difícil, falar a mesma língua e compartilhar a mesma cultura é um lubrificante para qualquer transacção importante.

Uma importante estratégia de negócios para os estrangeiros entrarem no mercado chinês é trabalharem e criarem parcerias com as empresas dos chineses ultramarinos, o que lhes proporciona *"guanxi"* e intermediação negocial. As empresas estrangeiras particularmente as PMEs, poderão beneficiar bastante destes relacionamentos para se estabelecerem na China ou no Sudeste Asiático, onde a população de origem chinesa domina a economia.

De facto os *"networks"* transnacionais dos chineses ultramarinos, cujas actividades muitas vezes se assemelham às multinacionais ocidentais, ajudam grandemente o rápido desenvolvimento das economias do Sudeste Asiático e sobretudo da China.

Estes *"networks"* são caracterizados por pequenas e médias empresas, normalmente familiares com uma estrutura centralizada em termos de autoridade e poder que se ligam a outros negócios e *"networks"* chineses e estão sobretudo concentrados em sectores como desenvolvimento imobiliário, banca, engenharia e construção, têxteis/fibras, finanças, bens de consumo electrónicos, produtos alimentares, computadores/semicondutores e químicos.

Em Portugal, onde a comunidade dos chineses ultramarinos está a começar a fazer notar-se, os negócios destes estão ainda muito concentrados nos restaurantes, pequeno retalho e importação da China, mas o sucesso destes pequenos negócios e seu elevado espírito empreendedor rapidamente os levará a outro tipo de investimento estendendo a sua actividade a outros sectores de actividade e aumentando a dimensão económica da sua presença.

Curiosamente uma das mais importantes consequências dos mercados globais altamente dinâmicos, revolucionados pela informação tecnológica e por imperativos da alta flexibilidade e resposta rápida, é o enfraquecimento das organizações altamente verticalizadas e das formas de gestão muito hierarquizadas e a sua substituição por formas alternativas de organização, em *"network"*, alianças e outras parcerias estratégicas, como condição de sucesso nos mercados internacionais.

De facto o negócio internacional, hoje em dia, está altamente facilitado por parcerias informais ou formais com distribuidores estrangeiros, empresas *"trading"*, produtores, empresas especializadas, assim como fornecedores e compradores.

Estas novas formas de organização criam vantagens competitivas para as PMEs, muito mais flexíveis, mais hábeis na adaptação ao meio envolvente turbulento global em que vivemos e onde a rapidez nas respostas é vital.

A virtualidade dos relacionamentos em *"network"*, cujo sucesso dos chineses ultramarinos é um bom exemplo, são já reconhecidas pelas firmas ocidentais nomeadamente, no contexto das actividades internacionais, uma vez que os relacionamentos entre empresas no mercado internacional acaba por influenciar, quer a escolha do mercado alvo, quer o modo de entrada nesses mercados.

Portanto, a internacionalização acaba por ser em larga medida dirigida pelo *"network"* de relacionamentos que uma empresa consegue construir no mundo.

Podemos assim concluir por um lado que a cultura chinesa altamente propicia à constituição destes *"networks"*, é muito adaptada aos factores de sucesso do mercado internacional actual e por outro lado que os relacionamentos das empresas portuguesas sobretudo das PMEs com os *"networks"* dos chineses ultramarinos em Portugal, Hong Kong, Macau, Taiwan ou outro local, muito poderão contribuir para a escolha do mercado chinês como mercado alvo e para a estratégia de entrada neste mercado.

Quando uma empresa fortalece os seus relacionamentos com os seus parceiros chineses em *"networks"*, está a ganhar conhecimento sobre o meio envolvente de negócios na China e isso proporciona novas oportunidades.

Nos negócios internacionais o conhecimento fornece vantagens particulares que facilitam a entrada nos mercados estrangeiros, Knight e Cavusgil, 2004.

Cerca de 58% das empresas portuguesas na amostra tendem a concordar que o *"network"* dos chineses ultramarinos é importante para entrar no mercado chinês, no entanto somente 28% escolheu os seus parceiros na China através dos *"networks"* dos chineses ultramarinos em Portugal, Macau, ou outro local, ver Fig. 6.1.

Fig.6.1 - Escolha de Parceiros de Negócios na China

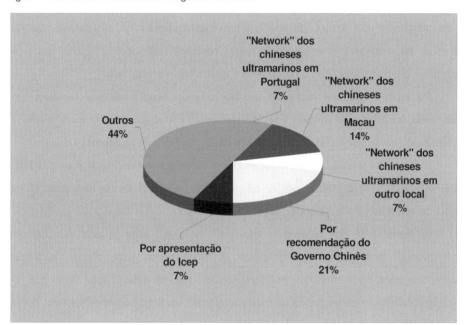

6.4 - A Importância de Macau e Hong Kong como Mercados *"Porta de Entrada"* na China

De acordo com Govindarajan e Gupta, 2001, p.289, *"escolher como alvo um mercado estratégico sem habilidade para o explorar é geralmente um caminho rápido para o desastre."*

Para identificar a *"importância estratégica de um mercado"* é referida a atracção presente e futura do mercado em termos de dimensão e oportunidades de aprendizagem, sendo a dimensão do mercado a economia do país e o seu mercado potencial e as oportunidades de aprendizagem o aumento dos standards competitivos da empresa e a sua aprendizagem das necessidades futuras do mercado internacional.

A outra dimensão a considerar é a *"habilidade para explorar o mercado"* e ela depende da altura das barreiras à entrada e da intensidade da concorrência no mercado.

Nas barreiras à entrada são consideradas não só as limitações no comércio e investimento mas também as distâncias geográficas, culturais e linguísticas.

Estas duas dimensões são estrategicamente relevantes na escolha e estratégia de entrada nos mercados externos. Por exemplo, num mercado que tem uma importância estratégica elevada mas difícil de explorar é recomendada uma aproximação incremental por forma a fortalecer a empresa com as capacidades e conhecimentos necessários para entrar com sucesso nesse mercado.

Nestes casos as empresas devem primeiro entrar num mercado "*porta de entrada*", quer dizer um mercado próximo e muito semelhante àquele em que pretende entrar, mas com risco menor, permitindo a aprendizagem de como entrar e gerir no mercado escolhido, Hong Kong e Macau são exemplos de mercados "*porta de entrada*", para a China.

A posição de Hong Kong e Macau como mercados "*porta de entrada*" na China foi largamente reforçada pela assinatura do "*Closer Economic Partnership Agreement*" (CEPA) entre estes Territórios e a China com o objectivo de estender as condições de adesão preferencial da OMC a Hong Kong e Macau, com efeitos antecipados ao início de 2004 e contemplando o comércio em bens e serviços e investimento.

Muitos milhares de categorias de produtos classificados com certificado de origem de Hong Kong ou Macau entrarão na China, livres de taxas alfandegárias, recebendo tratamento preferencial, relativamente a produtos semelhantes com origem fora da China, o que será uma vantagem competitiva para as empresas que produzam nestes Territórios do Delta do Rio das Pérolas, o qual se tornará cada vez mais numa zona integrada de comércio livre, orientada por um plano piloto de desenvolvimento.

Com o acordo CEPA, as empresas de Hong Kong e Macau poderão entrar na China no sector de serviços selectivamente ou antes do que está previsto nos protocolos de acesso da OMC, para empresas de outros países ou com menores requisitos de entrada ou ambos.

Cerca de 18 sectores estão contemplados neste acordo, nomeadamente, serviços de consultoria, publicidade, contabilidade e auditoria, construção e imobiliária, serviços médicos, distribuição, logística e transportes, turismo, telecomunicações, seguros, serviços legais e outros. Para estes sectores as barreiras de entrada serão removidas ou altamente diminuídas.

Empresas com operações em Kong Kong e Macau podem entrar no mercado chinês com 100% de propriedade de capital ou com mais de 50% nas JVs. Por exemplo, os bancos de Hong Kong e Macau poderão abrir sucursais na China com o capital mínimo US$6 biliões, enquanto o capital mínimo exigível aos outros bancos estrangeiros é de US$20 biliões.

As empresas de Hong Kong e Macau beneficiarão significativamente desta vantagem na sua entrada no mercado chinês e a China poderá beneficiar de um ajustamento gradual à concorrência das empresas estrangeiras que resultará do cumprimento integral da sua adesão à OMC.

As empresas portuguesas tendem a considerar que é importante utilizar quer Hong Kong quer Macau como mercados *"porta de entrada"* para entrar na China, no entanto Hong Kong é considerada uma *"porta de entrada"* mais importante que Macau.

De facto 44% das empresas concordaram que Macau é uma *"porta de entrada"* na China mas 66% atribuíram essa característica a Hong Kong, ver Fig.6.2.

Fig.6.2 - Importância de Macau e Hong Kong como *"Porta de Entrada"* na China (%)

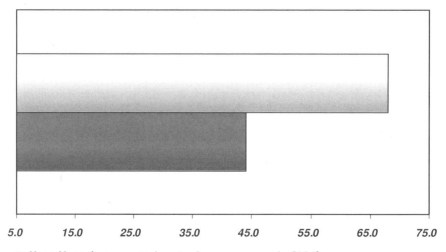

☐ *Hong Kong é uma porta de entrada para o mercado Chinês*
■ *Macau é uma porta de entrada para o mercado Chinês*

Bibliografia
- Anwar, Syred Tariq, 1996, Overseas Chinese Business Networks in Asia, Journal of International Business Studies, 27, 4, pp.811-815.
- Anderson, E. e Hubert Gatignon, 1986, Modes of Foreign Entry, a Transaction Cost Analysis and Propositions, Journal of International Business Studies, 17(3), pp.1-26.
- Bradley, Frank, 2002, International Marketing Strategy 4th, FT Prentice Hall

- Calantone, R.J. e Y.S. Zhao, 2001, Joint-Ventures in China: A Study of Japanese, Korean and US Partners, Journal of International Marketing, Vol.9 (1), pp.1-23.
- Caves, Richard E., 1982 Multinational Enterprises and Economic Analysis, Cambrige University Press.
- CEPA, 2004, www.tdctrade.com/cepa , www.economia.gov.mo
- Chu, Priscilla, 1996, Social Network Models of Overseas Chinese Entrepreneurship: The Experience in Hong Kong and Canada, Canadian Journal of Administrative Science, Vol. 13, Nº 4, pp.358-365.
- Dunning, J.H., 1980, Toward an Eclectic Theory of International Production: Some Empirical Tests, Journal of International Business Studies, 11(1), pp.9-31.
- Dunning, J. H., 1988, The Eclectic Paradigm of International Production, a Restatement and Some Possible Extensions, Journal of International Business Studies, Spring, pp.1-31.
- Fortune, 1994, October 31, Overseas Chinese quoting; Barton M. Biggs CEO of Global Investment at Morgan Stanley, Victor Fung Chairman of Hong Kong Bank -Prudential Asia, Lee Shau Kee, Washington Sycip Chairman of SGV Manila, Lee Kuan Yew, former Prime Minister of Singapore, pp.38-54.
- Govindarajan, V. e A. Gupta, 2001, The Quest for Global Dominance, Jossey Bass.
- Hill, Charles W.L. e W. Chan Kim, 1988, Searching for a Dynamic Theory of the Multinational Enterprise: A Transaction Cost Model, Strategic Management Journal, Vol. 9, pp.93-104.
- Hill, Charles W.L., Peter Hwang, e W. C. Kim, 1990, An Eclectic Theory of the Choice of International Entry Mode, Strategic Management Journal, Vol. II, pp.117-128.
- Huntington, S., 1999, O Choque de Civilizações, Gradiva.
- Hyder, Akmal S. e Pervez N. Ghauri, 2000, Managing International Joint Venture Relationships, A Longitudinal Perspective, Industrial Marketing Management, 29, pp.205-218.
- Kim, W.Chan e Peter Hwang, 1992, Global Strategy and Multinationals´ Entry Mode Choice, Journal of International Business Studies 23(1), pp.29-53.
- Knight, A.Gary e S. Tamar Cavusgil, 2004, Innovation, Organizational Capabilities, and the Born-Global Firm, Journal of International Business Studies, Online Publication 8 January, pp.124-141.
- Luo, Yadong, 2000, Entering China Today: What Choices Do We Have? Journal of Global Marketing, Vol.14 (1, 2), pp.57-82.
- Naisbitt, John, 1995, Megatrends Asia: The Eight Asian Megatrends That Are Changing the World, London: Nicholars Brealey Publishing Limited.
- OCDE, 2002, China and the World Economy. The Domestic Policy Challenges, , www.oecd.org
- Ojah, K. e L. Monplaisir, 2003, Investors´ Valuation of Global Product Design and Development, Journal of International Business Studies, 34, pp.457-472and Monplaisir, 2003.
- Porter, Michael E., 1980, Competitive Strategy: Techniques for Analyzing Industries and Competitors, New York: Free Press.
- Redding, S. Gordon, 1990, The Spirit of Chinese Capitalism, Ed. Clegg Stewart R., New York: Walter de Gruyter.
- Seagrave, Sterling, 1995, Lords of the Rim: The Invisible Empire of the Overseas Chinese, London: Bantam Press.
- Tenbrige Survey, 1999, China Business Trade Review, May, China Britain Business Council.
- U.S. Department of State, February 2002, Country Reports on Economic Policy and Trade Practices 2001, Bureau of Economic and Business Affairs.
- Vanhonaker, W. e Y. Pan, 1997, The Impact of National Culture, Business Scope, and Geographic Location on Joint -Venture Operations in China, Journal of International Marketing, Vol.5 (3), pp.11-30.

Capítulo VII
Estratégia de Marketing na China

7.1 - Factores que Condicionam a Estratégia Internacional

O modo de entrada vai como já referimos, determinar o plano estratégico de *"marketing-mix"* de uma empresa, o que é tão importante que a gestão da empresa deve antes de tomar essa decisão, ter informação respeitante ao meio envolvente internacional do negócio específico da empresa e a envolvente de negócios local, de cada país, em particular.

A estratégia de marketing foi tradicionalmente definida como um meio de alcançar os objectivos de marketing da empresa, estes meios são particularmente expressos em termos de produto, preço, canais de distribuição e aspectos promocionais que são misturados, procurando uma melhor combinação para atingir os referidos objectivos, Kotler, 2003.

Os elementos do programa de marketing podem ser combinados de muitas maneiras o que quer dizer que o *"marketing-mix"* para um produto ou para diferentes tipos de produtos pode variar e diferentes empresas podem utilizar diferentes estratégias de combinação desses elementos.

A estratégia de *"marketing-mix"* tem de ser planeada de acordo com as forças que condicionam o mercado, estamos a referirmo-nos ao planeamento do produto, preço, marca, embalagem, canais de distribuição, vendas, publicidade, promoção e serviços de pós-venda, Keegan e Green, 2000, Craig e Douglas, 2000, Dow, 2000, Solberg, 2000, Özsomer e Prussia, 2000, Laroche, Kirpalani, Pons e Zhou, 2001, Skarmeas, Katsikeas e Schlegelmilch, 2002, Bradley, 2002, Kotler, 2003, Theodosiou e Leonidou, 2003.

Keegan, 1989, refere que as diferenças entre marketing interno e internacional resultam das diferenças do meio envolvente de cada país, uma vez que toda a *"acção estratégica representa um diálogo entre a empresa e o seu meio envolvente,"* Govindarajan e Gupta, 2000, p.280 e *"as empresas deverão usar uma estratégia de expansão apropriada ao meio envolvente estrangeiro em que operam,"* Bradley e Gannon, 2000, p.18.

Porter, 1986, explica que ao expandir as suas actividades operacionais nos mercados externos, a que chama de *"configuração internacional"* a primeira preocupação de uma empresa deve ser o conhecimento do meio envolvente dos países onde a empresa vai operar, não só dos atributos económicos e competitivos da indústria, mas também das características sociais, políticas e culturais que influenciam a estratégia da empresa nesses países.

Muitas vezes as diferenças de mercado para mercado, obrigam as empresas a modificarem o seu posicionamento para poderem ser competitivas, uma vez que as características do consumidor e as suas expectativas, a natureza das infra-estruturas de mercado e a estratégia dos concorrentes podem diferir de mercado para mercado, Craig e Douglas, 2000.

Isto quer dizer que a empresa tem de adaptar-se a cada ambiente de negócios e às suas mudanças, o que implica diferentes estratégias e diferentes estruturas organizacionais em diferentes países, no sentido de que existe um co-alinhamento "*meio envolvente-estratégia-estrutura*", de facto a estratégia reflecte o meio envolvente da empresa e a organização da empresa reflecte a estratégia, Christensen, 1997, Özsomer e Prussia, 2000.

O meio envolvente de negócios é constituído por factores que determinam a entrada e expansão de uma empresa num mercado e o sucesso de uma empresa num mercado estrangeiro é afectado pelos esses diferentes factores, uma vez que eles influenciam a estratégia e os resultados das empresas num mercado específico.

Esses factores são identificados como sócio-culturais, político-legais, económicos e tecnológico-educacionais. Quando estes factores impedem uma empresa de desempenhar a sua actividade de determinada maneira condicionam de uma forma negativa a acção da empresa no mercado, em certo sentido cada factor envolvente dos negócios pode constituir uma condicionante, Paliwoda 1993, Leonidou, Katsikeas e Samiee, 2002, Brouthers e Xu, 2002, Katsikeas, 2003. Estes factores assumem uma especial importância no condicionamento da definição estratégica nos mercados internacionais.

Existem duas categorias de factores que envolvem os negócios: externos e internos. Os factores externos incluem políticas do governo, infra-estruturas de marketing, estrutura de mercado e outros factores políticos, culturais, económicos e sociais que são considerados factores que condicionam a estratégia de marketing de uma empresa. Os factores internos são factores da estrutura de organização da empresa, política de negócios, gestão, apoio dos governos locais, e compromisso com os mercados internacionais.

A estrutura organizacional contempla os objectivos e recursos da empresa e os factores de gestão incluem a experiência pessoal, atitudes e comportamento dos decisores dentro da empresa que estão realmente ou potencialmente envolvidos no processo de marketing internacional Ghauri e Hosltius, 1996, Liu e Park, 1999, Bradley, 2002, Leonidou, Katsikeas e Samiee, 2002.

Para Bradley, 1991, o principal trabalho em marketing internacional é responder à cultura local e interligar o negócio no seu contexto ambiental. *"o sucesso estratégico depende da compreensão da cultura e dos concorrentes nos mercados externos e da existência de percepções positivas dentro da empresa,"* Bradley, 2002, p.170.

Para as empresas no mercado internacional as características culturais das sociedades dos países onde os seus gestores vão trabalhar devem ser aprendidas, absorvidas e adoptadas.

O contexto cultural ajuda a definir o potencial dos negócios e os riscos associados com a entrada num mercado específico, Brouthers e Brouthers, 2000, estes estudos devem ter a preocupação de conhecer a distância cultural entre o país da empresa e o país anfitrião o que pode determinar obstáculos ao sucesso causado pelo Critério de Referência Própria que leva uma pessoa a interpretar outras realidades culturais à luz da sua própria cultura destorcendo a realidade e sendo levado a fazer decisões estratégicas erradas, Cateora, 1993, Bradley, 2002.

As instituições governamentais fornecem o enquadramento em que as transacções ocorrem, e definem as *"regras do jogo"*, o que inclui, as leis e regulamentos do país anfitrião, Brouthers, 2002, por exemplo, o enquadramento institucional pode criar barreiras à entrada, tais como, restrições legais à propriedade privada ou impedir a empresa de rentabilizar as suas vantagens competitivas através de um modo de entrada transaccional.

Em alguns países os governos limitam as importações e encorajam o investimento estrangeiro, em outros, o modo de entrada na forma de joint-venture é obrigatório ou encorajado.

Um aspecto crucial de fazer negócios num país estrangeiro é que o governo do país anfitrião pode controlar e restringir as actividades das empresas estrangeiras, ao encorajar e oferecer apoio a algumas actividades e ao desencorajar ou proibir outras, conforme os seus interesses e a sua política, Bradley, 2002.

No entanto, a diminuição do poder discricionário dos governos devido às regras mais transparentes e harmonizadas da OMC, está a levar as empresas internacionais a planear e desenvolver novas estratégias de marketing. Por exemplo, a implementação dos direitos de propriedade intelectual prosseguida pela OMC, abre a porta a novas oportunidades de licenciamento e franchising, nos mercados internacionais e acelera a transferência de tecnologia ao nível mundial, Czinkota, 2000.

Aspectos, tais como, a forma como o país anfitrião, considera os direitos de propriedade intelectual, patentes, marcas comerciais, direitos de autor, subornos e corrupção são muito importantes na decisão de entrar num mercado, como entrar e que estratégia de "*marketing-mix*" realizar, Keegan e Green, 2000.

A filosofia política e a ideologia que caracterizam diferentes sistemas políticos são importantes no enquadramento da actividade e iniciativa económicas.

No sistema de economia de mercado, as variáveis do "*marketing-mix*" são muito importantes, porque a concorrência é alta e os consumidores têm uma escolha ampla, no sistema de economia planificada, tipicamente a procura excede a oferta e os elementos do "*marketing-mix*" não são usados como variáveis estratégicas.

Alguns dos países mais populosos do mundo, tais como a China, a Rússia, a Índia, tiveram a experiência comum de viver durante décadas, num regime de economia planificada e ideologia comunista, baseado num sistema de aplicação de recursos centralizado e estão agora empenhados em reformas económicas que possibilitem a mudança para um sistema de economia de mercado, eles vivem agora numa economia em transição, Peng e Heath, 1996, Keegan e Green, 2000.

Czinkota, 2000, refere que a dissolução de economias planificadas produziu mudanças de política económica em muitos países, o que está a proporcionar muitas oportunidades de negócio nesses mercados, mas também confronta as empresas com novas regras, regulamentos e instituições. Tem sido uma transição progressiva e as empresas nesses mercados estão ainda atrasadas no uso e compreensão dos instrumentos sofisticados de marketing.

A falta de um enquadramento legal apropriado para definir e proteger os direitos de propriedade privada, pode resultar num crescimento rápido de um comportamento oportunista, um sistema de economia de mercado não pode funcionar adequadamente sem um sistema compreensivo de leis comerciais e mesmo que regras formais possam mudar do dia para a noite, os costumes, tradições e códigos de conduta levam muito tempo a mudar.

A privatização de um grande número de empresas estatais coloca desafios às estruturas políticas instáveis e as mudanças no meio envolvente destes países criam muita incerteza, que é algumas vezes minimizada pela escolha estratégica, que várias empresas fazem de utilizar "*networks*" de contactos de confiança pessoal para resolver os problemas nesses mercados.

Estes "*networks*" existiam antes do período de transição e estavam enraizados no sistema burocrático e continuam muito activos embora sob outras formas, tornando-se muito mais importantes como factores informais que condicionam a actividade empresarial e o comércio nesses países, Peng e Heath, 1996.

Como exemplo, pode referir-se a China em transição de um sistema de planeamento central tipo soviético, onde as grandes empresas integradas verticalmente, estão a ser progressivamente substituídas por "*networks*" inter-funcionais que reúnem activos complementares para desenvolver, produzir e entregar os produtos, White e Liu, 2002.

As economias de muitos países, particularmente dentro de blocos comerciais, estão a tornar-se muito interdependentes, as manifestações visíveis disso, são os fluxos transfronteiriços de bens e serviços juntamente com o crescimento de organizações em "*network*" que ultrapassam as fronteiras nacionais, Craig e Douglas, 2000. Em princípio os blocos comerciais da Tríade (EUA, UE, Japão) suportam o sistema multilateral sendo responsáveis por quotas importantes do comércio internacional entre eles e com o resto do mundo.

As infra-estruturas de marketing estão também a tornar-se interdependentes e integradas, como resultado dos avanços nas tecnologias de comunicação, transmissões via satélite, crescimento da intranet nas empresas, a Internet e a melhoria dos "*networks*" nas comunicações físicas.

A expansão regional dos "*networks*" de distribuição, quer a nível de grossista quer de retalhista e a expansão global das organizações de serviços, tais como, agências de publicidade, consultoras de mercado e instituições financeiras, todas servem para reforçar a integração de mercados.

Uma sequência típica entre os países asiáticos é a evolução de menos para mais investimento directo em capital e tecnologia intensiva, como da indústria têxtil para a indústria química e depois para indústria de aço, do automóvel, electrónica e outras cada vez mais exigentes em capital e tecnologia.

Este processo é conhecido como o "*padrão de desenvolvimento económico do ganso-voador*", Kwan, 2002, e é utilizado para explicar a mudança de indústrias de países economicamente mais desenvolvidos para outros mais atrasados, um exemplo típico, é a mudança da produção têxtil do Japão para os NICs asiáticos e depois para os países da ASEAN e destes para a China.

Porter, 1990, chamou a nossa atenção para a importância crítica, especialmente numa economia global, de ter *"clusters"* de factores produtivos relacionados com as respectivas indústrias localizados perto, ele considera importante a criação de sinergias regionais entre empresas competindo no mesmo *"cluster"* e os seus *"networks"* de fornecedores.

Como consequência assiste-se ao triunfo do regionalismo económico sobre as fronteiras entre estados, dando origem ao que Ohmae, 1995, chama *"regiões estado"*, como exemplo destas unidades, entre muitas outras em diferentes partes do mundo, podemos referir Hong Kong, Macau e Cantão a região chamada Delta do Rio das Pérolas no Sul da China.

Estas regiões podem ficar ou não dentro das mesmas fronteiras, isso é irrelevante o que as define não é a limitação política das suas fronteiras, mas o facto de elas terem a dimensão e escala para constituir grandes unidades empresariais dentro do negócio global de hoje.

O poder político acaba por reconhecer o interesse económico destas regiões e por criar condições para potenciar as suas sinergias positivas tendendo a criar ali zonas de comércio livre, como por exemplo, no Delta do Rio das Pérolas, com o acordo CEPA.

7.2 - Factores Sócio-Culturais que Condicionam a Estratégia na China

Para se realizar negócios na China as empresas devem adaptar-se ao estilo de negócios chinês, em vez de esperar que os chineses de repente adoptem as práticas ocidentais, porque eles simplesmente não o vão fazer, Engholm, 1994.

Na China, os valores são impostos socialmente e pela tradição e não são orientados pela religião. Os chineses não têm uma religião oficial, mas muitas religiões e filosofias desde o Taoismo, Budismo, Islamismo, Cristianismo e Protestantismo.

Mas a sua base filosófica é o Confucionismo, a qual serve de fundamento à educação chinesa há mais de 2000 anos e é aplicada na política, nos relacionamentos étnicos e de poder, sejam eles familiares, profissionais, académicos, empresariais, ou outros, Graham e Lam, 2003. O Taoismo, é a religião mais popular e influencia o comportamento pessoal chinês, de acordo com o filósofo Lao Tsu, contemporâneo de Confucius, inspirador do Taoismo, a chave da vida é encontrar o Tao (o caminho, o compromisso) entre duas forças; yin (o feminino) e yang (o masculino).

Quer Lao Tsu, quer Confucius estavam mais interessados em encontrar o caminho do que a verdade, estes valores morais têm consequências no estilo de negociação dos chineses, que estão normalmente mais preocupados com os meios do que com o fim, com o processo do que com o objectivo, Graham e Lam, 2003.

O modelo cultural chinês mostra uma pessoa interiorizada, no qual a modéstia e o apagamento próprio é altamente valorizado, e uma atitude de confronto em várias situações como ter de dizer *"não"* é evitada. Em vez de dizer não directamente, os chineses preferem mudar de assunto, fazer outras perguntas, calar-se ou responder de forma ambígua, usando expressões positivas vagas mas com subtis implicações negativas.

Normalmente os chineses são modestos, não se impõem e não gostam de fazer um alvo deles próprios dando nas vistas. Vivendo sempre em regimes autocráticos eles sabem por experiência milenar que a melhor maneira de evitar problemas é não dar nas vistas e tentam obter as coisas a seu favor, por negociação, como consequência desenvolveram notáveis qualidades de negociação, Yau, 1994.

Os chineses gostam de negociar e as longas negociações fazem parte da sua rotina diária dando a impressão que o tempo e esforços investidos não contam, outra consequência desta dimensão cultural é que os chineses preferem resolver qualquer disputa ou conflito por contactos pessoais em vez de pela via judicial, Ho, 2001.

Eles normalmente utilizam tácticas de negociação suave, convivendo socialmente, oferecendo presentes, fazendo apelos pessoais, trocando favores, embora quando necessário não rejeitam tácticas mais duras tais como coacção e apelos a hierarquias superiores, Fu e Yukl, 2000. Eles cultivam a simpatia com os negociadores estrangeiros para a sua causa e ao mesmo tempo manipulam as relações pessoais e os sentimentos de amizade e obrigações de grupo.

É importante lembrarmo-nos que devido à sua história violenta com ataques e invasões de todas as partes do mundo, os chineses aprenderam a recear e a proteger-se dos estrangeiros, Graham e Lam, 2003, p.85, referem que *"os chineses confiam somente em duas coisas: as suas famílias e a sua conta bancária."*

Também o sentimento de orgulho de ser chinês tem um papel importante na maneira como os chineses lidam com os estrangeiros e com os outros países, a maneira como os ocidentais fazem negócios e os standard internacionais de negociação são de pouca importância para a maioria dos chineses. Este facto pode ser explicado pela razão histórica que a China para os chineses é o *"Reino do Meio"* o *"Império Central"*, o centro do mundo, rodeado de bárbaros que eram política e culturalmente dominados pelos chineses o que justifica o seu sentimento de superioridade, Ho, 2001.

A família chinesa é a base da organização social, a maioria dos valores emocionais e culturais são transmitidos pela família e os chineses contam com a solidariedade familiar durante toda a vida. Para os chineses a família é o centro de um círculo íntimo, de uma complexa rede de relacionamentos sociais. Este círculo é alargado primeiro aos parentes mais próximos e depois aos mais remotos, aos amigos do peito, às pessoas do lugar onde nasceram e aos poucos toma a forma de um clã, Yau, 1994.

Outro importante aspecto da cultura chinesa é o forte respeito pela autoridade. Esta dimensão cultural está enraizada nas cinco relações principais de Confucius, que dirigem as relações entre soberano e ministro, pai e filho, marido e mulher, velho e novo, e entre amigos, excepto para esta última todas as outras relações são estritamente hierárquicas e o governado deve obediência e lealdade ao governante, Graham e Lam, 2003.

Como consequência no marketing deste respeito pela autoridade, os consumidores chineses tendem a seguir mais os líderes dos seus grupos de referência sejam eles os familiares mais velhos, os líderes políticos, ou líderes da empresa onde trabalham do que a publicidade.

Também no processo de decisão esta dimensão cultural tem muita importância, para compreender que os chineses tradicionais, sempre respeitam a decisão do pai na família e portanto para ter uma decisão feita pelo filho ou filha o pai tem de ser convencido primeiro, e esta lógica aplica-se a todas as relações hierárquicas, Yau, 1994.

Outro aspecto importante da cultura chinesa é a característica pitográfica da sua linguagem, porque a linguagem escrita tem imagens em vez de sequência de palavras, os chineses tendem a ter um processo holístico de informação.

As crianças chinesas são melhores a memorizar toda a imagem de que os detalhes, em consequência, os chineses pensam em termos do todo, enquanto os ocidentais tendem a pensar em sequências de detalhes, parcelando negociações complexas em pequenas partes; preço, entrega, quantidade, detalhes dos produtos, etc., enquanto os negociadores chineses tendem a esquecer os detalhes e concentram-se na negociação de princípios gerais deixando os detalhes para serem resolvidos durante as rotinas operacionais, Graham e Lam, 2003.

Durante as negociações os chineses tentam sempre estabelecer as suas próprias regras, forçando os estrangeiros a aceitar princípios gerais que eles constantemente lembram no decorrer da negociação.

De referir também que outra importante característica da cultura chinesa é o alto valor dado à orientação pelo longo prazo, Hofsted, 1991, 2004, como consequência o tempo das negociações não conta, são muito pacientes e uma das suas tácticas mais usadas é deixar que a pressão do tempo jogue contra os negociadores estrangeiros.

Mais importante que o conhecimento factual da cultura chinesa é a interpretação dos seus fenómenos culturais, o que é muito difícil uma vez que eles emanam de uma matriz filosófica, religiosa e política muito diferente da matriz cultural ocidental, e por isso deveremos utilizar a metodologia do Critério de Referência Próprio, se queremos ter sucesso no mercado chinês.

O empresário típico chinês, ganha sobretudo influência e poder através da afiliação e muito pouco pela acção independente. Os chineses são jogadores de equipe, trabalham em *networks*, muito fechados, sendo muito difícil para um ocidental entrar num grupo comercial chinês.

Deveremos ter em consideração que o sucesso de uma empresa estrangeira depende do grupo na China que o aceitou como membro, e para ser aceite num grupo, os estrangeiros têm de encontrar a natureza do espírito do grupo, uma vez que os laços que os unem podem ser de natureza política, familiar, regional, linguística, e deve respeitar os costumes sociais e as regras comerciais.

É importante utilizar uma ligação chinesa que apresente os estrangeiros aos grupos apropriados chineses e abone a seu favor no processo de aceitação. Mesmo assim, a porta não se abrirá rapidamente, perseverança e convívio social, são necessários porque os chineses necessitam de conhecer a pessoa até a aceitarem no seu grupo comercial.

A aceitação num grupo chinês é um processo de longo prazo, uma vez que como referimos acima, a cultura chinesa é orientada pelo longo prazo, e a confiança é a palavra chave neste processo e a fidelidade dos estrangeiros vai ser posta à prova.

De facto confiança é muito importante para realizar negócios na China, como consequência um passo crucial no processo de negociação, é identificar as ligações pessoais que podem ser úteis na aproximação aos negociadores chineses, credibilizando os negociadores ocidentais. Esta confiança pode ser conseguida nos processos de negociação a longo prazo, mas pode também ser ganha, através de um talentoso empregado ou sócio chinês que traga consigo o *"guanxi"* necessário, realizando a intermediação das negociações, Graham e Lam, 2003.

As organizações em *"network"* desenvolveram-se sobretudo nas chamadas culturas colectivas, quer económica, quer socialmente, de que a China é um bom exemplo, Kao, 1993, Fukuyama, 1995, Achrol, 1997, Yeung, 1997, Ritcher, 1999, uma vez que um imenso poder económico existe nos complexos *"networks"* chineses através Rim do Pacífico.

Como referimos já, os chineses ultramarinos possuem não só um enorme reservatório de capital, mas também, as ligações políticas e a melhor informação prática para sobreviver em diferentes mercados, tais como, a China, Indonésia, Vietname, Malásia, Taiwan e Singapura.

A cultura chinesa é uma cultura de *"alto contexto"* por oposição à cultura ocidental que é de *"baixo contexto"*, o que quer dizer que o contexto social das transacções é elevado. Na China faz-se o relacionamento e depois o negócio, no ocidente primeiro faz-se o negócio e o relacionamento poderá a seguir estabelecer-se ou não.

Um relacionamento especial *"guanxi"* governa a troca de favores e envolve um relacionamento de longo prazo de troca mútua, baseado na confiança que cria laços entre as pessoas, nomeadamente comprador e vendedor, fabricante e distribuidor, funcionários públicos e empresários, favorecendo os *"networks"* e outras alianças a longo prazo.

"Guanxi" é traduzido na RPC em sentido lato por *"relacionamentos"* e é comparável ao marketing relacional no ocidente (processo de estabelecer e manter relacionamentos com clientes e outros *"stakeholders"*), mas no ocidente este processo não está enraizado em valores culturais como o *"guanxi"* está na China.

Dentro do contexto de negócios o *"guanxi"* pode ser visto de várias maneiras:

1. O uso de amigos próximos e associados como intermediários nas negociações.
2. Socialização com o objectivo de desenvolver relações de negócio.
3. Desenvolvimento de um alto grau de confiança mútua entre parceiros de negócios.
4. Usar entidades oficiais hierarquicamente bem colocadas para ultrapassar ou facilitar os problemas legais e administrativos, o que os chineses chamam entrar *"pela porta de trás"*.

Como vimos o *"guanxi"* envolve um relacionamento de longo prazo e é baseado na confiança e verifica-se que a confiança tem um efeito positivo no desempenho das exportações e para os comerciantes chineses é mais importante que qualquer contrato assinado, sendo neste contexto muito importante para ter sucesso nas relações de negócios, Ambler, Styles e Xincun, 1999, Graham e Lam, 2003.

As pessoas que compreendem a importância do termo *"guanxi"*, tais como, os chineses de Hong Kong, Macau, Taiwan e Singapura têm geralmente mais sucesso na China. Os investidores estrangeiros e as empresas que querem exportar para a China, podem ganhar vantagem sobre os seus concorrentes se construírem e mantiverem o seu próprio *"guanxi"* porque ele constitui um efectivo e eficiente instrumento de marketing, Chadee e Zhang, 2000.

Embora o padrão de compras dos chineses esteja a passar por um processo de adaptação, uma espécie de ocidentalização, afastando-se de uma fase inicial em que a tónica era posta na amizade, para uma preocupação de comprar o melhor, a última tecnologia e a marca mais conhecida manter um *"guanxi"* efectivo quer com os parceiros de negócios, quer com os governos locais, facilitará as actividades operacionais e o desempenho do negócio, McGuiness, Campbell e Leontiades, 1991, Chadee e Zhang 2000.

Nesta triagem dos aspectos mais relevantes da cultura chinesa não podemos também ignorar o conceito de *"face"*, porque ele condiciona o marketing, na China. Está relacionado com o prestígio que uma pessoa tem na sociedade, prestígio moral e material, a reputação de um chinês é conseguida pelo seu prestígio ao longo da vida e define o seu lugar na sociedade, e é a medida mais importante de valor social, Yau, 1994, Graham e Lam, 2003.

A quantidade de *"face"* que uma pessoa tem é função do seu estatuto social e varia de acordo com o grupo com o qual interage e é o seu capital social, os chineses estão sempre debaixo de pressão para corresponder às expectativas desse grupo, para manter a sua *"face"* e dar *"face"* aos outros.

As fontes de *"face"* podem ser riqueza, inteligência, atracção, capacidades, bom *"guanxi"*. Os chineses pensam na *"face"*, em termos quantitativos que tal como o dinheiro pode ser ganho, perdido, dado e tirado, Graham e Lam, 2003. Provocar que outros percam a *"face"*, é a ofensa mais agressiva que se pode fazer a um chinês e nunca será esquecida.

Devido à alta distância ao poder, outra dimensão cultural chinesa, Hofsted, 1991, 2004, o respeito pelos chineses obriga a clarificar e diferenciar o seu estatuto e o seu locar na sociedade, a mente ocidental igualitária muitas vezes esquece que a cultura chinesa coloca alta prioridade em reconhecer e comportar-se em função do estatuto social da pessoa, em negócios esta insensibilidade pode ter resultados desastrosos.

O conceito de *"face"*, pode afectar as variáveis de marketing, ao encorajar os chineses a comprar somente os produtos de qualidade com marcas bem conhecidas e com reputação, o nivelar tudo por hierarquias torna altamente desejável comprar o que está no topo, McGuiness, Campbell e Leontiades, 1991.

A distância cultural compreende diferenças na religião, língua, cultura material, ética de trabalho, sistema de valores, estrutura social e ideologia, entre o país de origem e o país anfitrião, Ekeledo e Sivakumar, 1998. Embora existam outras formas de medir a distância cultural, a preferência dos académicos recai sobre a utilização do índice de dimensões de Hofstede.

Por exemplo, a distância cultural influencia os mecanismos de controlo das operações, a forma de gestão, os relacionamentos e o ênfase colocado na formalização contratual, Roath, Miller e Cavusgil, 2002.

As decisões de marketing internacional devem ter em consideração os estudos de diferença cultural e como o meio envolvente cultural de um país é receptivo aos estrangeiros e a novas ofertas de marketing, o impacto que um meio envolvente particular tem na gestão operacional e nas decisões estratégicas, Hofstede, 1994, permite-nos comparar diferentes culturas, formular análises inter-culturais entre as dimensões do país de origem e do país anfitrião.

Como se pode ver na Fig.7.1 a distância inter-cultural entre Portugal e a China é elevada, sobretudo nas dimensões do índice de masculinidade (valores de sucesso material) e de evitar incerteza (aversão à mudança e ao risco).

Fig. 7.1 - Análise Inter-Cultural entre Portugal e China

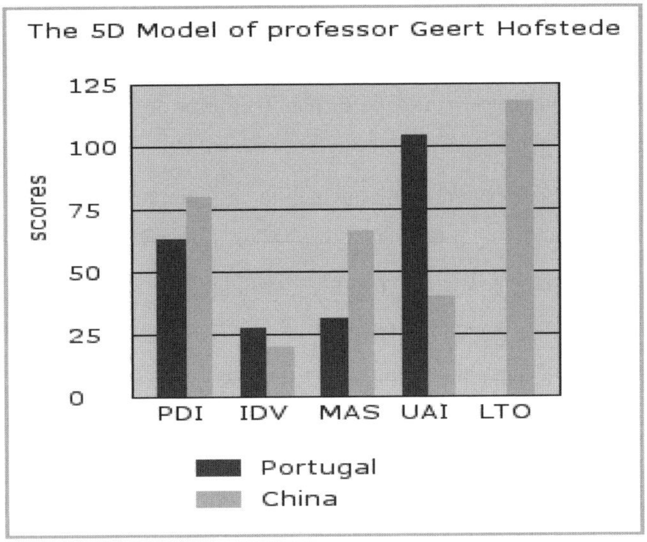

[Gráfico: The 5D Model of professor Geert Hofstede — Portugal e China, com barras para PDI, IDV, MAS, UAI, LTO]

Fonte: Hofstede, 2004.
PDI-Índice de Distância ao Poder, IDV- Índice de Individualismo, MAS- Índice de Masculinidade, UAI- Índice de Evitar Incerteza, LTP-Orientação de Longo-Prazo.
Nota:A medida LTO só existe para alguns países

Com esta análise várias hipóteses podem ser testadas como por exemplo, o índice evitar incerteza nas decisões do modo de entrada no mercado, ou evitar incerteza e orientação pelo longo prazo no grau de insucesso das joint-ventures ou do índice de individualismo na propensão para formar "*networks*", ou da distância cultural no desempenho das joint-ventures.

Luo, 1999, concluiu que na China o desempenho das joint-ventures com os estrangeiros estava negativamente associado com a distância cultural entre os parceiros.

Estudos sobre as joint-ventures com ocidentais na China, sugerem que é difícil para os ocidentais compreenderem e gerirem as diferenças de horizontes temporais com os seus sócios chineses (a China é o país com maior classificação no índice de orientação pelo longo-prazo) no entanto resolver essas diferenças é um pré-requisito para o sucesso de uma cooperação, uma vez que perspectivas diferentes sobre o tempo leva a choques culturais, Brakeman e Vermilion, 1997.

As alianças entre parceiros culturalmente perto têm maior possibilidade de sucesso, do que alianças com parceiros culturalmente distantes, Pothukuchi,

Damanpour, Choi, Chen e Park, 2002, p.245, referem que *"a incompatibilidade cultural pode custar mais do que a incompatibilidade estratégica na organização de alianças."*

A distância cultural está relacionada com a distância psicológica, identificada como factores que impedem ou perturbam os fluxos de informação entre a empresa e o mercado, Dow, 2000.

Esses factores podem explicar a falta de comunicação directa com os clientes actuais e potenciais, ou a falta de acesso à informação sobre o mercado, ou a falta de compreensão sobre o sistema legal, ou dificuldades em gerir o pessoal, ou outros comportamentos de gestão ineficientes, ou comportamentos sociais desastrosos.

Skarmeas, Katsikeas e Schlegelmilch, 2002, referem que no mundo global em que vivemos, gestores e representantes com vivência inter-cultural podem ter um papel no estabelecimento e manutenção das relações entre empresas em diferentes ambientes culturais, contribuindo para o estabelecimento de relacionamentos de longo-prazo e de compromisso com o mercado internacional.

Esta característica é muito importante quando se escolhem gestores ou representantes para trabalhar o mercado chinês.

Também do ponto de vista de gestão internacional, nomeadamente, em países com elevada distância cultural como a China, as empresas podem concluir que o investimento de recursos em programas de treino cultural são um aspecto importante para o sucesso nesses países.

7.3 - Factores Político-Legais que Condicionam a Estratégia na China.

O meio envolvente político ou legal é reconhecidamente um factor crucial quando se pretende fazer negócios com um país estrangeiro e este factor é determinante quando o governo do país anfitrião, tem uma filosofia política de intervenção nas actividades económicas e implementou um sistema complexo de controlo sobre as actividades empresariais, nomeadamente, sobre o negócio realizado com e por estrangeiros, como é o caso da China.

O governo chinês é uma República Popular desde 1 de Outubro de 1949, dirigido por um partido, o Partido Comunista Chinês (CCP). A presente Constituição é a quarta desde essa data e foi promulgada a 4 de Dezembro de 1982, e revista em 1993, 1999, e 2004 (EIU, 2004).

De acordo com esta constituição o governo chinês é uma ditadura socialista popular, dirigida pela classe operária, isto quer dizer um sistema político comunista e o governo chinês apesar de todas as reformas nunca negou esta doutrina política.

De facto a política de *"Reforma e Porta Aberta"* do sector económico só foi implementada depois de ter sido aprovada pelo Congresso do Partido Comunista (um evento da máxima importância que tem lugar de cinco em cinco anos).

O Secretário-Geral do Partido Comunista eleito pelo Congresso é o Presidente da República Popular da China. O Congresso também elege o Congresso Nacional Popular (NPC) pelo período de cinco anos, que tem poder legislativo, e embora com mais iniciativa do que em 1980, está ainda longe de ser um centro de poder independente.

O NPC elege o Primeiro-Ministro o qual chefia o Conselho de Estado com vários Vice-Ministros, um Secretário-Geral e um grande número de Ministros. O Supremo Tribunal Popular que tem o mais elevado poder de decisão no sistema judiciário chinês, também é eleito pelo NPC por um período de cinco anos.

A China é um estado com um poder unipartidário, de orientação política comunista e o sucesso obtido nas reformas económicas conducentes a uma economia de mercado na área económica, não alteraram ainda esta filosofia política.

Portanto *"não faça erros: apesar das reformas de longo alcance, o Partido Comunista permanece o poder mais importante na China. Não existe sistema judiciário independente. De facto os tribunais não têm mais poder que um ministro,"* Panitchpakdi e Clifford, 2002, p.30.

Até ao presente ninguém negou este princípio na China e debaixo desta realidade devem ser compreendidas as políticas chinesas para promover o crescimento económico, mesmo quando a política de *"Reforma e Porta Aberta"*, dá aos estrangeiros a ideia de que a iniciativa privada tem muita força. Isto pode ser verdade em alguns aspectos operacionais mas mesmo assim eles são observados e controlados pelas autoridades municipais locais.

Os princípios da participação dos estrangeiros no mercado interno e em projectos importantes em sectores estratégicos estão completamente debaixo de controlo do governo chinês, que sabe o que se passa e decide quando deve intervir.

Durante todos estes anos das políticas de *"Reforma e Porta Aberta"*, a China mostrou claramente que espera que os empresários estrangeiros tenham um papel significativo no seu desenvolvimento. No entanto a mensagem de qual o tipo de participação esperada é difícil de descodificar para aqueles que não tenham um bom conhecimento do meio envolvente político ou legal chinês.

Desde 1979, a China promulgou mais de 500 peças de legislação económica, muitas das quais são as primeiras do seu género na história jurídica chinesa, incluindo entre outras a *"Contract Law"*, *"Joint-Venture Law"*, *"Foreign Capital Enterprises Law"* e *"apesar de não adequada, a infra-estrutura legal emergente estabilizou grandemente o meio envolvente das transacções, impulsionando a difusão de capital estrangeiro e tecnologia na China e encorajando uma grande parte de actividades empresariais,"* Peng e Heath, 1996, p.520.

Quando o país se começou a abrir ao exterior no início dos anos 80, muitas empresas correram apressadas a tentar exportar e não se aperceberam que a China tinha levantado grandes barreiras administrativas e legais às importações para evitar déficit externo e que os estrangeiros eram orientados a entrar no mercado via IDE, Huang, 2003.

Este é um processo dinâmico e novos campos de cooperação se têm aberto à participação estrangeira e a adesão à OMC realizada em 2001, mas que só agora deverá começar a produzir efeitos significativos, é um motor de mudança. Mas esta mudança está a ser feita em etapas progressivas e é importante conhecer as regras do jogo que têm delimitado a acção das empresas estrangeiras na China nos anos recentes.

Na China existem três níveis de decisão, o central, o provincial e o local e o que está a acontecer é que embora o governo central reafirme o seu empenho em cumprir os acordos assinados com a OMC, as autoridades provinciais e locais nem sempre têm atitudes consentâneas, protegendo-se do choque concorrencial que a abertura inevitavelmente vai trazer, mantendo a lógica proteccionista anterior à adesão, mediante a aplicação de regulamentos administrativos internos.

Não sabemos quanto tempo esta dinâmica de abertura vai necessitar para cumprir os procedimentos de liberalização decorrentes do acordo de adesão com a OMC e até que ponto eles vão operacionalmente ser cumpridos, em alguns casos tudo acontece muito rapidamente, em outros tudo parece quase sem mudança.

Assim convém que os empresários reflictam sobre as regras do jogo que as entidades chinesas estabeleceram para a participação estrangeira na modernização da economia chinesa durante todos os anos de abertura anteriores à adesão da OMC, porque elas podem explicar muitas das dificuldades com que muitos empresários estrangeiros se defrontam ainda hoje quando querem realizar negócios na China.

Resumidamente as regras do jogo que as autoridades chinesas estabeleceram para serem jogadas pelas empresas estrangeiras são as seguintes:

Jogo 1 – As empresas estrangeiras têm sido chamadas a participar com IDE na indústria ligeira, num modelo de mão-de-obra intensiva orientado para a exportação. O governo chinês encorajou sempre as empresas com capital estrangeiro a vender pelo menos cerca de 80% da sua produção no mercado externo e orientou esse investimento para ser realizado na forma de joint-ventures com empresas chinesas, muitas vezes seleccionadas pelas autoridades chinesas.

A maioria das empresas estrangeiras que têm jogado este jogo são PMEs que processam na China produtos de baixo valor acrescentado, baseados em mão-de-obra intensiva que beneficiam de uma quase inesgotável fonte de baixos salários. Nos primeiros anos da Reforma este tipo de investimento foi feito sobretudo pelos chineses ultramarinos de Hong Kong, Macau e Taiwan, depois seguiram-se os investimentos de empresas ocidentais muitas vezes em associação com esses investidores chineses e os seus parceiros na China, e numa fase mais recente já com maioria ou totalidade de capital.

O governo chinês classificou o investimento estrangeiro em quatro formas principais: Equity Joint-Ventures (EJVs), Contractual ou Cooperative Joint-Ventures (CJVs), Wholly Foreign Owned Enterprises (WFOEs) e Joint Exploration Projects (ex.: consórcios para explorações de petróleo, comércio de compensação, leasing internacional, produção etc...).

A percentagem das WFOEs no total do IDE tem vindo a crescer nos últimos anos, em 1994, a percentagem do total de investimentos na China nesta forma jurídica era inferior a 30% e em 2004, ela representava já mais de 50%. A produção destas empresas com capital estrangeiro é sobretudo exportada para os EUA, Hong Kong, Japão e alguns países da UE.

No caso das joint-ventures, tradicionalmente os sócios estrangeiros garantem o mercado externo e trazem para a sociedade equipamento e algum capital e o sócio local garante o local de produção, os trabalhadores e a distribuição no mercado interno (existe uma negociação prévia com as autoridades chinesas sobre a percentagem da produção que pode ser vendida no mercado interno).

Na negociação com as autoridades chinesas sobre a quota de venda no mercado interno são beneficiadas as empresas estrangeiras que trazem novas tecnologias, uma produção diferenciada, marcas internacionais reconhecidas no mercado interno, que de certa maneira contribuam para a modernização do tecido empresarial ou para a satisfação dos consumidores chineses que hoje em dia atravessam uma onda de consumismo, sobretudo de produtos com marca e no caso dos segmentos com maior poder de compra com marca estrangeira.

Este jogo tem-se mostrado competitivo para as empresas estrangeiras uma vez que os baixos custos de produção, permitem criar pressão sobre os preços dos concorrentes nos mercados externos que não seguem a mesma estratégia e no caso de produtos com marca reconhecida permitem ainda altas margens no mercado interno e externo, aumentando a rentabilidade global.

Elementos importantes a assegurar neste jogo são o controlo de qualidade e tecnologia, a gestão local, os riscos sociais e políticos na China e a percepção de qualidade pelos compradores estrangeiros, minimizada quando existe marca com qualidade reconhecida no mercado internacional.

Jogo 2 – Para a modernização da sua indústria, a China precisa de ter acesso a tecnologia moderna e portanto transferir para a China tecnologia de ponta é um elemento crucial para ter sucesso nas negociações com as autoridades chinesas. Hoje em dia os chineses viajam por todo o mundo, visitando feiras internacionais e empresas estrangeiras e sabem o que é melhor e o que querem.

Outros factores importantes para o sucesso na China são a qualidade superior do produto, a percepção que os chineses têm do prestígio internacional da marca e/ou da empresa e a adaptação dos produtos às necessidades dos consumidores finais.

Para além disto os chineses são negociadores difíceis que lutam pela redução dos preços, tendo sempre mais que uma oferta e indo de um fornecedor para outro até atingir o preço que pretendem.

A oferta de um crédito competitivo e garantias de empréstimos é muito importante nestes tipos de contratos e devemos também referir que em muitos casos é necessário o envolvimento político dos governos a alto nível para abrir as portas certas.

Mas este jogo tem vindo a tornar-se cada vez mais difícil, mas também mais atractivo, uma vez que, a China prefere não comprar tecnologia a não ser que não tenha alternativa e prefere atrair investimento estrangeiro, para produzir localmente, oferecendo em troca a abertura do seu mercado interno.

A China adoptou a estratégia *"mercado por tecnologia"* no que diz respeito aos aspectos tecnológicos do investimento directo estrangeiro, sendo que a China normalmente impõe condições tais como, transferência, de tecnologia avançada, incorporação local e comércio externo equilibrado. A instalação de empresas estrangeiras na China serve como um meio de transferência de tecnologia de fornecedores estrangeiros, muitas vezes para os seus associados na China, assim como, uma oportunidade de aprender com a própria experiência no que diz respeito a processos e standardização técnica, assim, as empresas com investimento estrangeiro são o principal canal de importação de tecnologia na China.

Em muitos casos, joint-ventures sobretudo nas Zonas Económicas Especiais, são constituídas para substituir a importação de tecnologia e as empresas estrangeiras que transferem a tecnologia têm sido autorizadas a vender directamente no mercado interno. É um jogo muito importante para ser jogado na economia global e uma oportunidade para muitas empresas crescerem, considerando que a China é um mercado emergente para muitos produtos e serviços, necessitando de tecnologia sofisticada que no mundo desenvolvido está já na fase de maturidade do ciclo de vida internacional do produto.

As principais dificuldades deste jogo são ter um pacote financeiro competitivo para oferecer, assegurar os direitos de propriedade intelectual sobre a tecnologia a transferir e licenciar, ter acesso ao mercado interno chinês e ter um bom relacionamento com as autoridades chinesas ao nível local, provincial e central.

Jogo 3 – Para atingir os seus objectivos gerais de Modernização e em particular a correcção dos Desequilíbrios Regionais existentes entre as regiões costeiras e o interior; a China quer desenvolver um plano intensivo de construção de infra-estruturas básicas e assim continuará a precisar de grandes investimentos para assegurar esse desenvolvimento incluindo o desenvolvimento da região ocidental.

A China espera que as empresas estrangeiras tragam o esquema de financiamento, incluindo empréstimos dos governos estrangeiros, fundos de investimento internacionais, créditos à exportação e conta também com o apoio financeiro do Banco Mundial e do Banco Asiático de Desenvolvimento. Ultimamente a China tem encorajado as empresas estrangeiras a desenvolver estes projectos nos sistemas BOT (*Build, Operate, Transfer*) ou BOOT (*Build, Operate, Own, Transfer*).

Este jogo obriga à formação de consórcios internacionais, constituídos por empresas financeiras, de engenharia, de construção e operadoras dos diversos tipos de infra-estruturas, exige à partida grande credibilidade internacional e experiência do líder do consórcio.

Jogo 4 – Um novo jogo começa a ter cada vez mais importância, é a participação das empresas estrangeiras no sector de serviços onde a produtividade é baixa e a procura muito alta e com enorme potencial de crescimento, particularmente nos serviços para a crescente classe média, como banca, seguros, distribuição, turismo, profissões liberais entre outros.

A China precisa de modernizar o sector de serviços, melhorar a gestão, lançar marcas internacionais e internacionalizar a sua economia, mas as regras deste jogo muito atractivo não são ainda claras, porque existem sinais contraditórios, devido à preocupação que a China tem ao mesmo tempo de salvaguardar o mercado interno chinês para as empresas chinesas, como exemplo, referimos o elevadíssimo capital para abrir uma sucursal de um banco estrangeiro.

Devemos referir que a falta de um enquadramento legal, claro e consistente é uma barreira efectiva para a participação de empresas estrangeiras na distribuição no mercado interno, quer no negócio grossista, quer no retalhista, no entanto, os grandes grupos de distribuição internacionais e muitas cadeias de retalho estão já a operar ou em vias de operar na China.

A internacionalização das empresas chinesas sobretudo das PMEs, é uma das políticas económicas prioritárias do governo chinês, que vê com bom olhos a cooperação dessas empresas com empresas de outros países para trabalharem terceiros mercados. A China precisa também de fazer o jogo internacional para assegurar fontes de fornecimento de matérias primas essenciais para o seu crescimento e afirmou já oficialmente que gostaria que as empresas portuguesas entrassem neste jogo, relativamente aos mercados dos países de língua portuguesa.

O conhecimento das regras destes jogos é muito importante para uma empresa que queira entrar no mercado chinês porque durante todos estes anos de política de "*Reforma e Porta Aberta*", o enquadramento político legal condicionou completamente o âmbito dos negócios a realizar e em muitas actividades o modo de entrada na China.

Muitas empresas estrangeiras abordam o mercado chinês atraídas pelo seu enorme potencial, sem primeiro compreenderem que na China, o modo de entrada, mais de que uma opção estratégica, é uma limitação do meio envolvente e segundo, que as actividades económicas em que a China encoraja a participação dos estrangeiros estão preestabelecidas.

Um enorme desencontro acontece frequentemente com os estrangeiros a quererem exportar para a China ou estabelecer ali sucursais de vendas, da mesma maneira que o fazem nos países ocidentais, sem se darem conta que pura e simplesmente o governo chinês não encoraja ou condiciona mesmo essa actividade.

As compras de governo chinês são também um processo opaco para os estrangeiros, com os fornecedores estrangeiros a enfrentarem uma discriminação clara a favor das empresas locais, mesmo quando os contratos de fornecimento são concursos onde os estrangeiros podem participar, estes fornecedores são muitas vezes desencorajados de o fazer por processos burocráticos altamente complexos ou por razões de preço.

Por exemplo, em 1999, a Comissão de Estado para a Economia e Comércio emitiu regulamentação requerendo que as Empresas Estatais comprassem todos os bens de capital e equipamentos a empresas chinesas ou joint-ventures na China e a importar somente quando esses equipamentos não fossem fabricados localmente.

Podemos concluir que de um modo geral a falta de transparência do processo de liberalização do mercado em conformidade com os compromissos assumidos com a OMC é ainda um dos obstáculos quando se realizam negócios na China. Embora melhorias significativas estejam a ser feitas o processo legislativo permanece arbitrário, no entanto cerca de 66% dos membros da EUCCC (EU-China Chamber of Commerce) em Beijing acreditam que a China está no bom caminho para implementar os compromissos assumidos com a adesão à OMC.

A EUCCC que representa cerca de 500 empresas europeias na China, acompanha de perto este processo através do trabalho de análise de grupos sectoriais que emitem pareceres e recomendações, sobre o processo de implementação dos compromissos com a OMC e sobre legislação e processos administrativos relacionados com esta e faz chegar ao governo chinês e à Comissão Europeia esses pareceres sendo um *"lobby"* importante na resolução de muitos dos problemas identificados. De acordo com as palavras de Pascal Lamy, ex-Comissário Europeu para o Comércio em Junho de 2003, em Beijing, *"as posições dos grupos de trabalho da EUCCC tornaram-se um instrumento chave e bastante proeminente para a Comissão na avaliação da implementação dos compromissos chineses."*

De acordo com EUCCC, em 2004, assistiu-se a uma abertura do governo chinês a muitas recomendações que a UE fez relativamente à Lei do Comércio Externo, no entanto pouco mudou no que diz respeito à implementação dos Direitos de

Propriedade Industrial, cerca de 70% dos membros da EUCCC consideram a sua implementação ineficaz, o próprio governo chinês considera que isso é um problema, quer para as empresas estrangeiras, quer para as empresas locais.

Por outro lado a implementação de normas de qualidade, quer nacionais, quer internacionais, continua a ser uma fonte de preocupação. A regulamentação alfandegária e sua implementação continua a ser um obstáculo ao comércio livre com a China, quer para as empresas estrangeiras, quer para as próprias empresas chinesas que se querem internacionalizar.

Noutros sectores altos requisitos de capital não estão em conformidade com as normas aceites internacionalmente criando barreiras desnecessárias.

Os empresários que estão interessados em desenvolver negócios com a China deverão assim ter presente que as regras do jogo estão a mudar, que o processo é dinâmico mas lento, que depende também da capacidade de interacção que os parceiros estrangeiros, nomeadamente, dos países da UE conseguirem estabelecer com as autoridades e com as empresas chinesas e que deverá ser acompanhado de perto, porque ele vai criar muitas oportunidades de negócio, mas se não for bem entendido e controlado, criará também ameaças sérias.

Apesar da modernização legal e institucional feita pela China nos últimos anos, em áreas em que a lei é clara, os burocratas muitas vezes *"Selectivamente aplicam"* regulamentos, a China tem muitas regras em livros que são ignorados na prática até que uma pessoa e/ou entidade estrangeira caia em desgraça, US Department of State, 2002.

A corrupção oficial ao nível provincial e local e o desrespeito pelos Direitos de Propriedade Intelectual são considerados problemas sérios na China. Os regulamentos de investimento na China são pouco amigáveis em alguns sectores e caracterizados pela falta de transparência com os processos de aprovação burocrática, embora mais eficiente em certos locais, permanece um problema geral, A. T. Kearney, 2001, Index.

A revisão, em 2004, da Lei do Comércio Externo da República Popular da China, de acordo com as regras da OMC, para incluir os Direitos de Propriedade Intelectual é um passo importante para colocar a economia chinesa em consonância com a economia mundial e um marco na transição de uma economia planeada para a economia de mercado e contribuirá para o desenvolvimento do comércio externo chinês.

Mas de qualquer maneira a evolução da *"Reforma"* e sobretudo a adesão à OMC os graus de liberdade estão a aumentar e algumas decisões como por exemplo, o modo de entrada podem ser consideradas cada vez mais, como uma operação estratégica, embora em muitos tipos de negócio seja ainda uma condicionante do meio envolvente.

7.4 - Factores Económicos que Condicionam a Estratégia na China

O sistema económico chinês está incrustado na cultura chinesa, na longa tradição administrativa do país, na qual o governo continua a ter um papel predominante nos negócios privados e está dependente da forma como as instituições legais, económicas e governamentais trabalham, Child e Tse, 2001.

Desde o anúncio da *"economia socialista de mercado"*, em Novembro de 1993, desenvolvimentos consideráveis têm sido feitos na agenda da reforma económica chinesa, além disso os ajustamentos necessários para possibilitar as reformas profundas que resultam da adesão da China à OMC, enfatizam os progressos da transição de uma economia planificada para uma economia de mercado, Qian e Wu, 1999, Child e Tse, 2001, Zhao e Zou, 2002.

Devido à política de *"Reforma e Porta Aberta"*, iniciada em 1978, a China tem vindo a registar um rápido crescimento económico sustentado, com uma taxa de crescimento médio anual do PIB de 9,5% no período 1980 - 2004, e a alcançar um crescimento sólido do seu rendimento per capita.

Apesar da China estar a mudar a sua estrutura económica de uma economia agrária para uma industrial, ainda presentemente cerca de 49% da população trabalha na agricultura, isto tem sido um crescimento desequilibrado com grandes disparidades entre os rendimentos rurais e urbanos e também grandes disparidades entre as províncias costeiras e o interior.

É importante referir que 43% da população vive nas províncias da costa e recebe 58% do total do rendimento disponível e esta tendência tende a continuar uma vez que a região oriental atrai 88% do IDE na China e na China existe uma correlação directa entre IDE e desenvolvimento económico.

Em 2004, 57% do total das exportação e 58% do total das importações foi realizado pelas FIEs (Empresas com Capital Estrangeiro) e isto tem sido uma percentagem crescente uma vez que em 1995, apenas 31,5% das exportações e 51,9% das importações era realizado por este tipo de empresas. Isto demonstra a importância crescente do contributo do capital estrangeiro para o comércio externo chinês.

A China está empenhada em atrair investimento para o seu interior e para as suas províncias ocidentais, oferecendo incentivos e projectos previamente proibidos aos investidores estrangeiros. A China é o país que mais IDE atrai a nível mundial tendo ultrapassado os EUA em 2002. Em 2004, a China recebeu IDE no valor de US$ 60,6 biliões.

A.T.Kearney, Index, 2001, classifica altamente o ambiente de atractividade da China como país receptor de IDE, o que é explicado pela sua importância como plataforma exportadora, reforçada pelos acordos AFTA e CEPA, pelo seu mercado interno e por políticas preferenciais para diminuir as desigualdades geográficas.

A China tem evitado até ao presente uma liberalização rápida das importações (excepto para reprocessamento e exportação) e as suas importações de produtos manufacturados mantêm-se muito baixas.

A China é parte integrante dos segmentos de mão-de-obra intensiva dos networks internacionais, UNCTAD, 2002, as empresas estrangeiras estão a concluir que deslocalizar parte da sua cadeia de valor para a China permite baixar os custos significativamente para ter uma diferença competitiva no mercado mundial, Lieberthal e Lieberthal, 2003, Michael, 2004.

Durante os anos da Reforma as importações foram formalmente restringidas com o objectivo de manter a Balança Comercial positiva e poupar divisas estrangeiras. As importações chinesas centraram-se fundamentalmente nos produtos necessários ao desenvolvimento e modernização da China, como por exemplo, matérias primas, equipamentos e tecnologia.

As empresas chinesas estão a melhorar os seus processos técnicos, tendo acesso à tecnologia desenvolvida pelas empresas americanas, japonesas ou europeias e como têm vantagens de custos, quer em pesquisa, quer em produção a China está a tornar-se rapidamente o centro de produção do mundo, Deloitte Research, 2003, Lieberthal e Lieberthal, 2003.

O comércio externo da China registou um crescimento fenomenal durante todos estes anos de Reforma, mas nos últimos seis anos verificaram-se importantes alterações, quer na estrutura das importações, quer das exportações, mas também nos principais compradores e fornecedores.

A estrutura das importações mostra um reforço das importações de maquinaria e equipamentos mecânicos e eléctricos com 41,6% do total das importações, onde se destacam os circuitos electrónicos integrados, micro processadores, equipamentos de processamento de dados, e os produtos minerais com 12%, sendo que 8,6% são importações de petróleo e combustíveis, produtos químicos com 7,6%, produtos ópticos com 7,4% e os plásticos com 5,8% do total. De referir a perda de peso nas importações, dos produtos têxteis, que contribuem presentemente com apenas 4,1 % do total das importações chinesas.

Devemos referir que devido ao facto da maioria das FIEs serem empresas de processamento de exportações que dependem da importação de componentes, o padrão das importações tem sido determinado pelo das exportações, EIU, 2005.

De qualquer maneira a importação de bens de consumo também tem aumentado nos anos mais recentes, mas de uma forma controlada.

De acordo com os dados da OCDE, 2002, aproximadamente 90% das importações de tecnologia foram registadas em quatro áreas principais; tecnologia de produção integrada de computadores, tecnologia de computadores e telecomunicações, tecnologia aeroespacial e tecnologia micro eléctrica, e as FIEs têm servido como importantes veículos para transferir essas tecnologias.

De facto nas exportações também se pode observar o reforço dos produtos industriais a substituir os bens de consumo e algumas indústrias tradicionais tais como confecções e calçado, por exemplo em 2004, as exportações mais importantes foram equipamentos mecânicos e eléctricos com 42% das exportações, dos quais salientamos os computadores e processamento de dados com 14,6% do total e os equipamentos de telecomunicações com 11,5%, as confecções tiveram praticamente o mesmo peso que os computadores cerca de 14,4% das exportações chinesas e os têxteis contribuíram apenas com 5,6%.

De referir que os principais países fornecedores da China foram em 2004, o Japão responsável por 16,8% das compras chinesas ao exterior, Taiwan e a Coreia do Sul com 11,5% e 11,1% dos fornecimentos, os EUA com 8%, a Alemanha com 5,4%, a América Latina com 3,9% e a Malásia com 3,2%.

Por outro lado os consumidores americanos absorvem 21,1% do total das exportações da China. Hong Kong é o segundo maior comprador dos produtos chineses absorvendo cerca de 17% do total das exportações chinesas mas muitos destes produtos não são consumidos neste Território, mas reexportados. Os outros grandes compradores da China são o Japão com 12,4%, a Coreia do Sul 4,7%, a Alemanha 4%, a América Latina 3,1% e a Holanda 3,1%.

Como referimos o comércio externo chinês está fortemente correlacionado com o IDE, e podemos verificar pelos dados da OCDE, 2005, que os principais investidores na China em 2003 foram Hong Kong com 17,5% do total, as Ilhas Virgens Britânicas (off-shore) com 5,8%, o Japão com 5,1%, Coreia do Sul com 4,5%, EUA com 4,2%, Taiwan com 3,4%, Singapura 2,1%, Alemanha com 0,9%, Samoa Ocidental e Ilhas Cayman (centros off-shore) com 1,0% e 0,9% respectivamente.

Apesar da China ter iniciado reformas económicas ambiciosas durante a última década, muitas "*State Owned Enterprises*" (SOEs) empresas pertencentes ao Estado permanecem ineficientes e fortemente dependentes dos subsídios governamentais, nomeadamente crédito subsidiado do sistema bancário, concedido com critérios políticos e da protecção do governo para sobreviver à crescente concorrência na China, Zhao e Zou, 2002.

No acordo de adesão à OMC a China concordou que as SOE's deveriam comprar e vender, somente tendo em consideração aspectos comerciais tais como preço, qualidade, capacidade e disponibilidade do mercado e não em escolhas políticas, o governo não deveria influenciar as suas decisões comerciais.

Nos anos 90, a entrada no mercado de empresas privadas no sistema foi maciço, mas poucas desenvolveram uma estrutura empresarial sofisticada a nível nacional porque as empresas chinesas localizadas numa região consideram dispendioso satisfazer oportunidades de negócio noutras regiões, como resultado estas empresas não conseguem ganhar músculos para serem competitivas a nível nacional.

Uma característica importante da economia chinesa é a sua fragmentação, queremos com isto dizer, que os mercados de factores produtivos e de produtos estão pobremente integrados através das diferentes regiões do país, a segmentação do mercado de capitais é particularmente importante e é o resultado das escolhas políticas feitas pelo governo chinês e pelas autoridades regionais chinesas. A fragmentação do mercado reduz o valor de um enorme e variado mercado com características heterogéneas, dividindo-o em pequenos e homogéneos segmentos, Huang 2003.

Apesar da descentralização o governo chinês ainda controla as operações desenvolvidas pelos estrangeiros especialmente nas áreas de fornecimentos às empresas estatais, acesso ao mercado interno, requisitos para exportação, licenças de importação e gestão de divisas estrangeiras mas a fragmentação da autoridade do governo em três níveis, central, provincial e municipal torna o meio envolvente económico muito complexo, Guillén, 2003.

De facto apesar do grande progresso dos últimos anos não é nada consensual que a economia chinesa possa ser considerada uma economia de mercado, ela é antes uma economia em transição, Qian e Wu, 1999.

Mas a curto prazo o cumprimento dos compromissos com a OMC levará ao desaparecimento de quotas e à redução elevada de tarifas e obrigará a China a liberalizar o comércio e o investimento, abrindo o seu mercado interno em sectores ainda reservados às empresas chinesas o que permitirá a presença de mais empresas estrangeiras nos negócios na China. Algumas destas actividades foram proibidas aos estrangeiros durante todo o processo de Reforma.

De acordo com o calendário de adesão à OMC a China permitirá que as empresas estrangeiras distribuam os seus próprios produtos e serviços produzidos na China. Até ao final de 2007, o processo de adesão deverá estar concluído e o consumidor chinês poderá escolher um largo número de produtos estrangeiros e o sector de distribuição será grandemente aumentado e modernizado com o investimento estrangeiro, as mudanças que essa evolução irão provocar na estrutura económica e no tecido produtivo chinês são muito difíceis de prever.

Os estudos de mercado indicam diferentes poderes de compra entre as cidades, identificando um 1º grupo com poder de compra superior, onde vive 2% da população o que quer dizer 26 milhões de pessoas que têm 8% do rendimento disponível e 13% do PIB, constituídas por Beijing, Shanghai, Guangzhou e Shenzhen, nestas cidades as marcas nacionais e globais têm já uma presença significativa e um 2º grupo com poder de compra médio com 7% da população com cerca de 91 milhões de pessoas que têm 12% do rendimento disponível e 19% do PIB e inclui cidades como Zhuhai, Fuzhou, Ningbo, Wuhan, Wengzhou, Chengdu, Chongqing, Yantai, e Dalian entre outras que compram principalmente marcas nacionais, A.T.Kearney, 2003.

A conclusão dos estudos disponíveis nomeadamente os de Cui e Liu, 2001, A.T.Kearney, 2003, Deloitte Research, 2003, McKinsey Quarterly, 2004, InterChina 2004, é que existe um mercado interessante na China para a maioria dos bens de consumo mas o mercado deve ser abordado no segmento urbano e geográfico apropriado escolhido após uma análise profissional e sistematizada do comportamento do consumidor das diversas alternativas dos segmentos alvo, uma vez que existem diferenças muito grandes entre segmentos.

Podemos dizer que a China é um mercado muito atractivo com elevado potencial de crescimento económico na fase de liberalização.

Mas deveremos também referir os riscos que afectam a actividade dos estrangeiros, tais como a falta de transparência do meio envolvente político ou legal, o desconhecimento das regras do jogo que os chineses querem que os estrangeiros joguem, a dificuldade em obter *"guanxi"*, a dificuldade em compreender os parceiros locais devido à distância cultural, com perca de eficácia.

Além disso apesar dos esforços do governo chinês, a corrupção e o desrespeito pelos direitos de propriedade intelectual continuam a ser obstáculos importantes ao comércio e ao investimento das empresas estrangeiras. Espera-se que o cumprimento das regras da OMC diminua o alto risco que caracteriza o meio envolvente económico chinês.

A distribuição é um dos elementos mais difíceis no marketing na China, uma infra-estrutura subdesenvolvida através de um largo espaço torna a distribuição física mais lenta e mais complexa, o que por sua vez dificulta os relacionamentos nos canais de distribuição, Amber, Styles e Xiucun, 1999.

A integração vertical das SOEs está a ser progressivamente substituída, por *"networks"* complementares, já não coordenados pelos departamentos do governo mas desenvolvidos por relacionamentos humanos, os quais são vitais para a eficácia do negócio, Amber, Styles e Xiucun, 1999, White e Liu, 2002.

7.5 - Opções Estratégias Internacionais; Standardização versus Adaptação

A formulação do processo de *"marketing-mix"* internacional pode ser visto como uma série de decisões de negócio com orientação estratégica; standardização versus adaptação, padrão de distribuição e o conteúdo estratégico das diferentes variáveis do *"mix"*, Szymanski, Bharadwaj e Varadarajan, 1993.

Uma vez que estamos num mundo dinâmico, a estratégia no mercado internacional também é dinâmica e o *"marketing-mix"* tem de ser constantemente ajustado e reformulado de acordo com as forças que actuam sobre o mercado, as tendências de consumo e a estratégia dos concorrentes.

Nomeadamente no mercado global, altamente competitivo de hoje, torna-se muito importante para as empresas exportadoras, desenvolverem estratégias orientadas pelo mercado, focalizando as exigências específicas dos clientes internacionais, Skarmeas, Katsikeas e Schlegelmilch, 2002.

De facto uma das decisões estratégicas mais importantes em marketing internacional é se a empresa deve prosseguir uma estratégia de marketing standardizada ou adaptada às condições dos mercados locais, sabendo que uma estratégia standardizada pode não satisfazer grupos de consumidores e uma estratégia adaptada pode ter custos mais elevados.

A maioria dos estudos na opção estratégica entre standardização e adaptação do *"marketing-mix"* internacional, foca duas dimensões, diversidade cultural versus convergência de mercados devido à crescente globalização e economias de escala da produção, marketing e pesquisa e desenvolvimento, Solberg, 2000.

A standardização está facilitada pelo crescimento dos canais de comunicação internacionais, a emergência de segmentos de mercado globais e pela Internet. Defensores da opção de standardização vêem as tendências de globalização no mundo como *"a força por detrás da maior semelhança dos mercados, maior uniformidade tecnológica e maior convergência das necessidades, gostos e preferências dos consumidores,"* Theodosiou e Leonidou, 2003, p.142.

Mas muitos gestores e pesquisadores estão cépticos em relação aos benefícios da standardização, uma vez que as grandes diferenças culturais, políticas e económicas existentes entre diferentes países requerem que os programas de marketing sejam adaptados às condições dos mercados locais, Cavusgil, Zou e Naidu, 1993.

Defensores da estratégia de adaptação argumentam que apesar das tendências de globalização, as variações entre países das necessidades dos consumidores, condições de uso, poder de compra, infra-estruturas comerciais, cultura e tradições, leis e regulamentos e desenvolvimento económico ainda são significativos, justificando uma estratégia de adaptação às condições particulares de cada país, Theodosiou e Leonidou, 2003. Diferenças em gostos, línguas, culturas e obstáculos técnicos à globalização forçam os gestores a *"pensar local"*, Bradley, 2002, p.5.

Para racionalizar os custos da adaptação é importante considerar a natureza da interligação entre variáveis estratégias competitivas e o desempenho do negócio, *"algumas variáveis competitivas estratégicas, são relativamente mais importantes e determinantes no desempenho em certos mercados nacionais do que outras variáveis,"* Szymanski, Bharadwaj e Varadarajan, 1993, p.1, e essas são as variáveis que deverão ser adaptadas.

As conclusões da pesquisa destes académicos identificou factores que as empresas deverão enfatizar nas suas estratégias de marketing internacional especificamente, *"oferecer uma larga linha de produtos e vender produtos de alta qualidade com elevado nível de serviço ao cliente, parece ser especialmente indicado para obter um desempenho com uma quota de mercado superior*" e "*as comunicações de marketing são cruciais para obter quota de mercado no desempenho dos negócios,*" Szymanski, Bharadwaj e Varadarajan, 1993, p.13.

Cada vez mais as empresas estão a descobrir a necessidade de standardizar alguns elementos do "*marketing-mix*" para poupar custos mas muitos terão que ser adaptados para assegurar a satisfação do consumidor.

Bradley, 2002, refere que produtos muito ligados à cultura, tais como os produtos alimentares e as confecções, tenderão a usar uma estratégia de adaptação, ao passo que produtos, como os produtos electrónicos e a música usarão provavelmente uma estratégia de standardização.

O grau de standardização ou adaptação dos vários aspectos do produto e comunicação são determinados pelas características do mercado, mas também pela situação da empresa e pelo tipo de produto e indústria, Cavusgil, Zou e Naidu, 1993, Kotler, 2003.

Os trabalhos de investigação de Cavusgil, Zou e Naidu 1993, concluíram que o meio envolvente legal é o factor mais importante nas decisões das empresas adaptarem os produtos depois de entrarem num mercado, seguido pelas especificidades culturais dos produtos e pela orientação tecnológica da indústria.

Concluíram também que a adaptação do produto depois de entrar no mercado é influenciada significativa e positivamente pela experiência internacional das empresas, e pela concorrência no mercado de exportação.

Para estes autores a intensidade da concorrência está positivamente associada, quer com a adaptação do produto, quer com a adaptação da comunicação e sustentam que a pressão concorrencial pode exigir uma estratégia de customização para ganhar vantagens competitivas.

A popularidade da marca e o bom nome da empresa é comunicada através da publicidade e da comunicação boca-a-boca e esta popularidade é uma contribuição positiva para a lealdade à marca e para a sua imagem positiva, Alon e Banai, 2000.

As variáveis relacionadas com a marca estão positivamente associadas ao desempenho geral da exportação assim como, com a intensidade da exportação e o nível de aceitação do produto, Leonidou, Katsikeas e Samiee, 2002.

Outro elemento importante do "*marketing-mix*" é o preço. O gestor internacional deve desenvolver sistemas e políticas de preços que contemplem os limites mínimos e máximos dos preços e o preço óptimo em cada mercado internacional onde opera, tendo em consideração os objectivos da empresa e as oportunidades e as condicionantes dos mercados, Keegan e Green, 2000.

As conclusões das pesquisas de Leonidou, Katsikeas e Samiee, 2002, indicam que a escolha de uma estratégia de um preço de penetração de mercado está positivamente associado com todos os aspectos do desempenho, excepto, com os da rentabilidade e a prática de um preço de desnatação está positivamente associada com a intensidade de exportação. Os seus trabalhos concluíram também que a probabilidade de sucesso aumenta nos mercados de exportação quando as empresas têm uma postura de adaptarem os seus preços aos mercados, nomeadamente, fixando os preços de acordo com as condições de procura dos clientes e das práticas competitivas locais e respondem às mudanças das condições competitivas e forças do meio envolvente desses mercados.

A adaptação dos canais de distribuição nos mercados de exportação da empresa podem ocorrer devido a diferenças nos sistemas de distribuição desses países, devido ao número de intermediários, tipos de pontos de venda e funções dos canais, Keegan 1995. Uma das diferenças entre estabelecer um sistema de distribuição (conjunto de diferentes canais para estabelecer o fluxo de bens e serviços entre produtores e clientes) nacional ou internacional é a complexidade de variáveis envolvidas, umas vez que normalmente cada mercado tem o seu próprio sistema de distribuição, uma distribuição com sucesso num mercado pode ser um desastre completo noutro, Bradley, 2002.

Os canais de distribuição são normalmente adaptados devido às diferenças no rendimento disponíveis, infra-estruturas de distribuição, hábitos de compras e factores relacionados com a empresa, tais como o nível de compromisso no mercado, as características das linhas dos produtos, a existência do "*network*" de distribuição possuído pela empresa, o volume de vendas da empresa entre outros, Theodosius e Leonidou, 2003.

Quando entra num mercado pela primeira vez a empresa tem de decidir se deverá utilizar os canais de distribuição existentes ou construir os seus próprios canais, esta decisão é muito importante, porque estas decisões normalmente envolvem compromissos de longo prazo e esses compromissos são muitas vezes muito dispendiosos, para terminar ou alterar ao fim de pouco tempo e implicam também a gestão do relacionamento com o mercado e com os parceiros nos canais.

A colaboração com os distribuidores está positivamente correlacionada com todas as medidas de desempenho das exportações, com excepção da contribuição para o lucro das exportações e o uso de um representante ou de um escritório de vendas no mercado de exportação e a exportação directa estão positivamente relacionados com a intensidade da exportação. O cumprimento dos prazos de entrega também têm um papel importante no desempenho das exportações da empresa, Leonidou, Katsikeas e Samiee, 2002.

Os aspectos promocionais do *"marketing-mix"* são altamente estudados e compreendem vários elementos como publicidade, promoção de vendas, relações públicas, venda pessoal e marketing directo, Theodosius e Leonidou, 2003, Kotler, 2003.

A publicidade global consiste em utilizar o mesmo anúncio com os mesmos apelos na mensagem e o mesmo grafismo nas campanhas em todo o mundo. A racionalidade económica para a standardização está muitas vezes ligada ao desejo de manter uma imagem global, mas os esforços para criar uma mensagem global força a empresa a determinar se um mercado existe ou não para o produto, Keegan e Green, 2000, Laroche, Kirpalani Pons e Zhou, 2001.

A decisão entre standardização e adaptação é muitas vezes acompanhada por um compromisso entre uma publicidade padrão que pode ser utilizada globalmente mas com algumas adaptações locais justificadas por factores culturais e económicos para criar uma publicidade global localizada, Keegan e Green, 2000, Laroche, Kirpalani, Pons e Zhou, 2001.

A promoção de vendas está normalmente sujeita a uma adaptação moderada muitas vezes justificada por condicionantes legais, características culturais, práticas competitivas nos mercados externos.

Estes ajustamentos moderados são também verificados nas relações em função do grau de envolvimento da empresa no mercado, a natureza e importância dos públicos e a disponibilidade de agências de relações públicas nesses mercado.

As vendas pessoais sofrem de adaptação nos mercados internacionais particularmente devido ao recrutamento, treino, motivação e controlo da força de vendas, Theodosius e Leonidou, 2003.

Os trabalhos de Leonidou, Katsikeas e Samiee, 2002, concluíram que a publicidade está positivamente correlacionada com a intensidade da exportação e às mesmas conclusões chegaram Cateora e Graham, 2001, para a promoção de vendas como cupons, amostras e outras acções promocionais, particularmente nos países de baixos rendimentos ou países com restrições na publicidade.

Também as vendas pessoais estão positivamente relacionadas com o desempenho das exportações, particularmente em países onde existem dificuldades de publicidade. O mesmo se verifica com a participação em feiras comercias onde se pode testar o mercado externo e ao mesmo tempo seleccionar importadores, distribuidores e agentes assim como, realizar alguma pesquisa de mercado, Terpstra e Sarathy, 1994, Leonidou, Katsikeas e Samiee, 2002.

A melhor estratégia é aquela que dentro de uma determinada situação conjuntural permite obter resultados mais satisfatórios, no entanto, estes resultados têm se ser avaliados em função dos objectivos previamente estabelecidos, nos quais se deverá considerar a rapidez de entrada no mercado, a cobertura de mercado, o período "*payback*" do investimento e o lucro que vai ser obtido a longo prazo.

Para cada fase de compromisso no mercado, os resultados têm de ser analisados em função do investimento necessário, os custos operacionais envolvidos, a flexibilidade permitida e os factores de risco. Para realizar uma opção estratégica acertada a empresa tem de possuir informação exacta sobre o meio envolvente de negócios local.

Em geral existe uma forte associação entre a estratégia de "*marketing-mix*" da exportação adoptada e as medidas de desempenho das exportações, todas as variáveis relacionadas com a estratégia de marketing de adaptação aos mercados de exportação emergem como determinantes significativas do sucesso da exportação, especialmente quando este é medido em termos da proporção das exportações nas vendas totais da empresa, isto é da intensidade da exportação. A importância de cada variável estratégica depende dos objectivos específicos da empresa em cada mercado, Leonidou, Katsikeas e Samiee, 2002.

7.6 - Estratégias de Sucesso na China

Não existe uma estratégia única para o sucesso, porque ela depende do meio envolvente mas também das circunstâncias próprias da empresa, mas existem algumas características comuns.

Muitas empresas estrangeiras pensam que o mercado chinês é um mercado atrasado onde se pode vender produtos de má qualidade, produtos de baixo preço que já não são vendáveis no mercado ocidental, mas esquecem-se que devido a características específicas do mercado, os consumidores de produtos de empresas estrangeiras, concentraram-se até agora nas cidades do 1º grupo e 2º grupo, com poder de compra superior e médio onde os hábitos de consumo são muito diferentes dos grupos de cidades mais pobres, Choi, 2003, A.T.Kearney, 2003.

Também os padrões de consumo estão a mudar muito rapidamente, há cerca de dez anos os hábitos de consumo eram largamente restringidos pelo rendimento limitado e pela pequena oferta de produtos.

Hoje em dia o segmento de mercado constituído por consumidores de altos rendimentos, residentes nas cidades acima referidas no 1º e 2º grupos, pode comprar produtos de empresas estrangeiras, nomeadamente os importados e caracteriza-se pela sua capacidade para comprar a maioria dos bens de consumo, a sua elevada consciência do valor das marcas e por estar acostumado a ter muitas escolhas disponíveis no mercado, constantemente espera novos produtos e tem baixa lealdade às marcas, A.T.Kearney, 2003.

A oferta de produtos diferenciados está a tornar-se muito importante nestas cidades, e o sucesso dependerá da inovação de novos produtos, de tácticas de distribuição de marketing e do uso de uma estratégia de comunicação *"push-and-pull"*.

Na transferência de tecnologia e na venda de equipamentos, o esquema financeiro oferecido pelo fornecedor e o sistema *"barter"* emergem como os factores mais importantes na construção do relacionamento com o cliente e uma transferência de tecnologia com sucesso é acompanhado por relações pessoais saudáveis e uma coordenação efectiva de interacções, McGuiness, Campbell e Leontiades, 1991, Lin e Germain, 1999.

Por exemplo, podemos observar a estratégia da Samsung para entrar no mercado chinês, na primeira metade dos anos 90, esta empresa trabalhou para assegurar bases de produção na China, a necessidade de ter fábricas para fabricar produtos com baixo preço, na sua maioria destinados à exportação, embora uma pequena parte fosse vendida no mercado interno, determinou a sua escolha do mercado chinês.

Na segunda metade dos anos 90, a sua estratégia mudou para os produtos de alta qualidade, porque o mercado chinês tornou-se atractivo por ele próprio e a Samsung percebeu que os produtos de baixo-médio preço não eram a chave para o sucesso no mercado chinês.

De acordo com a análise de Choi, 2003, p. 67, a essência da estratégia de marketing da Samsung Electronics' para a China é *"selecção e concentração"* porque *"seria impossível ter sucesso em toda a parte da China em todos os sectores de produtos,"* a gestão da Samsung *"decidiu concentrar-se no mercado de alto valor acrescentado e produtos tecnologicamente avançados."*

Esta estratégia foi seguida, porque uma vez que a qualidade dos produtos fabricados nas empresas chinesas estava a melhorar muito rapidamente, os produtos vulgares feitos pelas empresas estrangeiras não poderiam competir com os produtos locais em economias de escala e competitividade de custos. Este mercado está concentrado à volta de 5% da pirâmide dos consumidores constituído por pessoas com elevado rendimento que vive nas principais maiores 10 cidades e compreende cerca de 65 milhões de pessoas cujo poder de compra é equivalente aos seus homólogos ricos que vivem nos países desenvolvidos.

As conclusões das pesquisas de Li, Lam e Qian, 2001, p.129, confirmam esta estratégia, *"o mercado chinês tem estado saturado com produtos de baixa tecnologia e mão-de-obra intensiva. Dada esta situação tem sido observado que somente as empresas com elevados recursos tecnológicos ou marcas bem estabelecidas são capazes de conseguir vendas satisfatórias e realizar um bom lucro."*

De facto muitas empresas estrangeiras, de bens de consumo, posicionam os seus produtos no topo da pirâmide do mercado chinês, como já referimos, o que implica a construção de uma marca *"premium"*, destinada aos consumidores concentrados nos mercados mais sofisticados, de cidades como Shanghai, Beijing, Shenzhen e Guangzhou, mas devem estar preparados para abordar os segmentos de mercado em cidades situadas nos 3º e 4º grupos de rendimentos, desenvolvendo as marcas *"premium"* verticalmente, Chen e Penhirin, 2004.

De acordo com Eckhardt e Houston, 2002, as marcas têm sido historicamente na China utilizadas com fins sociais, devido à descentralização e à divisão de classes ambígua, tem havido uma constante subida e descida da riqueza e posição social é necessário, o uso de símbolos materiais para marcar o *"status"* dessas famílias. Assim, a função social das marcas é muito importante hoje em dia, porque os consumidores chineses usam as marcas de nome como instrumentos para construir as relações sociais.

A cultura chinesa tende a classificar tudo hierarquicamente, então é altamente desejável comprar o que é considerado o melhor, como consequência a qualidade percebida do produto tem muita influência nas preferências dos consumidores, o preço pode não ser tão importante na decisão final. Também as actividades promocionais e de serviço têm uma influência determinante na construção do relacionamento com o consumidor e na forma como este classifica o produto, uma vez que estas actividades geram interacção entre a empresa e os clientes, McGuiness, Campbell e Leontiades, 1991.

Dadas as alterações de valores dos consumidores no mercado chinês de hoje e a existência de diferentes segmentos de mercado com diferentes valores de consumo, os "*marketers*" deverão ser sensíveis a diferentes necessidades do consumidor, em particular as estratégias de design do produto, preço, marca e embalagem e de posicionamento deverão ser baseadas nas características do mercado alvo e adaptadas a ele.

Por exemplo "*quando abordam o mercado dos jovens consumidores chineses actuais que têm fortes valores hedonísticos, os `marketers´ devem concentrar-se no significado simbólico ou expressivo do produto ou marca, realçando a experiência emocional ou fantástica do consumo, e fazer apelo ao desejo do consumidor para experimentar coisas novas e inovação nas mensagens promocionais,*" Wang, Chen, Chan e Zheng, 2000 p.182.

A.T.Kearney, 2003, também considera que nos segmentos de mercado com poder de compra mais altos o sucesso depende da criação de novos segmentos e da introdução de produtos inovadores no mercado. Por comparação nas cidades do 3º e 4º grupo de rendimentos com larga cobertura geográfica e menor sofisticação de hábitos de consumo a distribuição é a chave do sucesso. O preço, as promoções no ponto de venda e a embalagem também trarão resultados positivos, por exemplo, embalagens de "*shampoo*" para uma só utilização são adequadas para os consumidores dessas cidades e para as zonas rurais.

A distribuição é um dos elementos mais difíceis do marketing na China, "*uma infra-estrutura subdesenvolvida através de um enorme espaço torna a distribuição física lenta e mais complexa o que por seu lado, dificulta o relacionamento no canal,*" Amber, Styles e Xiucun, 1999, p.84. A integração vertical das SOEs está a ser progressivamente substituída por "*networks*" complementares, já não coordenados pelos departamentos do governo mas alimentados pelos relacionamentos humanos que são vitais para a eficácia dos negócios, Amber, Styles e Xiucun, 1999, White e Liu, 2002.

Além disso, Sin, Tse, Yau, Lee, Chow e Lau, 2000, concluíram na sua pesquisa que os relacionamentos de marketing de longo prazo, semelhantes ao "*guanxi*" chinês que enfatiza a construção da confiança pessoal, o uso de laços sociais nos negócios com os parceiros, concorrentes e clientes, de uma forma geral bons "*networks*" pessoais, constituem um factor crítico de sucesso no desempenho de negócios na China e o grau de orientação das empresas para o cliente está positivamente associada com o crescimento das vendas e o desempenho em geral na China.

As empresas estrangeiras podem ganhar vantagem sobre os seus concorrentes no mercado chinês, se construírem e mantiverem o seu próprio "*guanxi-network*", porque isso constitui um importante instrumento de marketing, Chadee e Zhang, 2000, uma vez que se concluiu que as variáveis relacionadas com o "*guanxi*", tais como a força de vendas, concessão de crédito, estão significativamente e positivamente relacionadas com o desempenho das empresas, Luo, 1997.

Bibliografia

- Achrol, Ravi S., 1997, Changes in the Theory of Inter Organizational Relations in Marketing: Toward a Network Paradigm, Journal of the Academy of Marketing Science, Vol. 25 (1), pp.56 -71.
- Alon, Ilan e Moshe Banai, 2000, Executive Insights: Franchising Opportunities and Threats in Russia, Journal of International Marketing, Vol. 8, Nº 3, pp.104-119.
- Ambler, Tim, Chris Styles e Wang Xiucun, 1999, The Effect of Channel Relationships and Guanxi on the Performance of Inter-province Export Ventures in the People's Republic of China, Research in Marketing, 16, pp.75-87.
- A.T.Kearney, 2001, FDI Confidence Index, Global Business Policy Council, Vols.3, 4, 5, 6, www.A.T.Kearney.com
- A.T.Kearney, 2003, Winning the China FMCG Market, www.A.T.Kearney.com
- Brakeman, Harry G e Freak Vermilion, 1997, What Defenses in the Cultural Backgrounds of Partners are Detrimental for International Joint-Ventures? Journal of International Business Studies, 28(4), pp.845-864.
- Bradley, Frank, 1991, International Marketing Strategy, Prentice Hall, London.
- Bradley, Frank, 2002, International Marketing Strategy 4th, FT Prentice Hall.
- Bradley, Frank e Michal Gannon, 2000, Does the Firm's Technology and Marketing Profile Affect Foreign Market Entry? Journal of International Marketing, Vol.8, Nº 4, pp.13-36.
- Brouthers, Keith D. e Lance Eliot Brouthers, 2000, Acquisition or Greenfield Strat-up? Institutional, Cultural and Transaction Cost Influences, Strategic Management Journal, 21(1), pp.89-97.
- Brouthers, Keith D, 2002, Institutional, Cultural and Transaction Cost Influences on Entry Mode Choice and Performance, Journal of International Business Studies, Vol. 33, Nº 2, pp.203-221.
- Brouthers, Lance Eliot, e Kefeng Xu, 2002, Product Stereotypes, Strategy and Performance Satisfaction: The Case of Chinese Exporters, Journal of Internacional Business Studies, Vol.33, Nº4, pp.657-677.
- Cavusgil, S. Tamer, Shaoming Zou e G.M. Naidu, 1993, Product and Promotion Adaptation in Export Ventures: An Empirical Investigation, Journal of International Business Studies, Third Quarter, pp.479-506.
- Cateora, Philip R., 1993, International Marketing 8th, International Student Edition, Series in Marketing, Irwin, Boston.
- Cateora, Philip R. e John L.Graham, 2001, Marketing International 10th, Irwin McGraw-Hill.
- Chadee, Doren D. e Benjamin Y. Zhang, 2000, The Impact of Guanxi on Export Performance: A Study of New Zealand Firms Exporting to China, Journal of Global Marketing, Vol.14, Nº 1,2, pp.129-149.
- Chen, Yougang e Jacques Penhirin, 2004, Marketing to China's Consumers, in McKinseyQuarterly, 2004, China Today, Special Edition.

- Child, John e David K. Tse, 2001, China's Transition and its Implications for International Business, Journal of International Business Studies, Vol. 32, N° 1, pp.5-21.
- Choi, Chang-hee, 2003, The China Strategies of Korea's Winning Companies, Nomura Research Institute Papers, N° 67, pp.1-8.
- Christensen, C.M., 1997, Making Strategy: Learning by Doing, Harvard Business Review, 75 (Nov-Dec), pp.141-56.
- Cui, G. e Q. Liu, 2000, Journal of International Marketing, Vol. 9(1), pp.84-106.
- Craig, C. Samuel e Susan P. Douglas, 2000, Configural Advantage in Global Markets, Journal of International Marketing, Vol. 8, N° 1, pp.6-26.
- Czinkota, R. Michael, 2000, Educator Insights: The Policy Gap in International Marketing, Journal of International Marketing, Vol. 8, N° 1, pp.99-111.
- Deloitte Research, 2003, The World's Factory: China Enters the 21st Century, pp.1-26, www.de.com/research
- Dow, Douglas, 2000, A Note on Psychological Distance and Export Marketing Selection, Journal of International Marketing, Vol. 8, N° 1, pp.51-64.
- Economist Intelligence Unit (EIU), 2004, 2005, Country Report, China
- Eckhardt, Giana M. e Michael J. Houston, 2002, Cultural Paradoxes Reflected in Brand Meaning: McDonald's in Shanghai, China, Journal of International Marketing, Vol.10, N° 2, pp.68-82.
- Ekeledo, Ikechi e K., Sivakumar, 1998, Foreign Market Entry Mode, Choice of Service Firms: A Contingency Perspective, Journal of Academy of Marketing Science, Vol. 26, N° 4, pp.274-292.
- Engholm, Christopher, 1994, Doing Business in Asia's Booming "China Triangle", New Jersey: Prentice Hall, Inc.
- Fu, P.P. e G. Yukl, 2000, Perceived Effectiveness of Influence Tactics in the United States and China, Leathership Quarterly, 11(2), pp.251-266.
- Fukuyama, F., 1995, Trust, New York: Free Press.
- Ghauri, Pervez N. e Karim Holstius, 1996, The Role of Matching in the Foreign Market Entry Process in the Baltic States, European Journal of Marketing, Vol.30, N° 2, pp.75-88.
- Govindarajan, V. e A. Gupta, 2000, Analysis of the Emerging Global Arena, European Management Journal, Vol.18 (3), pp.274-284.
- Graham, John L. e N. Mark Lam, 2003, The Chinese Negotiation, Harvard Business Review, Vol. 81 (10), pp.82-91.
- Guillén, F. Mauro, 2003, Experience, Imitation, and the Sequence of Foreign Entry: Wholly Owned and Joint-Venture Manufacturing by South Korean Firms and Business Groups in China, 1987-1995, Journal of International Business Studies, Vol. 34, N° 2, pp.185-198.
- Ho, Suk-Ching, 2001, Executive Insights: Growing Consumer Power in China. Some Lessons for Managers, Journal of International Marketing, Vol. 9, N°1, pp.64-83.
- Hofsted, G., 1991, Cultures, Organizations: Software of the Mind, London, McGraw-Hill.
- Hofsted, G, 2004, www.geert-hofstede.com
- Huang, Yasheng, 2003, Selling China, Foreign Direct Investment During the Reform Era, Cambridge University Press.
- InterChina Consulting, 2004, Opportunities in the Chinese Market, pp.4-54.
- Kao, John, 1993, The Worldwide Web of Chinese Business, Harvard Business Review, March-April, pp.24-36.
- Katsikeas, Constantine S., 2003, Advances in International Marketing Theory and Practice, International Business Review, 12, pp.135-140.
- Keegan, W., 1989, Global Marketing Management, Prentice-Hall, New Jersey.
- Keegan, W., 1995, Multinational Marketing Management, 5th, Prentice-Hall, New Jersey.
- Keegan, W. e M. Green, 2000, Global Marketing 2nd, Prentice-Hall, New Jersey.
- Kolter, Philip, 2003, Marketing Management 11th Edition, Prentice-Hall International Inc.
- Kwan, Chi Hung, 2002, The Rise of China and Asia's Flying-Geese Pattern of Economic Development: An Empirical Analysis Based on US Import Statistics, Nomura Research Institute Papers, N° 52, pp.1-11.
- Lamy Pascal, 2002, October 17th, speech at the European Chamber of Commerce, Beijing.
- Laroche, Michael, V.H. Kirpalani, Frank Pons, e Lianxi Zhou, 2001, A Model of Advertising Standardization in Multinational Corporations, Journal of International Business Studies, Vol. 32, N° 2, pp. 249-266.
- Leonidou, Leonidas C., Constantine S. Katsikeas e As miee Samiee, 2002, Marketing Stategy Determinants of Export Performance: a Meta-Analysis, Journal of Business Research, 55, pp. 51-67.
- Li, Ji, Kevin Lam e Gongming Qian, 2001, Does Culture Affect Behavior and Performance of Firms? The Case of Joint Venture in China, Journal of International Business Studies, Vol. 32, N° 1, pp. 115-131.
- Lieberthal, K. e G. Lieberthal, 2003, The Great Transition, Harvard Business Review, Vol. 81 (10), pp.71-81.

- Lin, Xiaohua e Richard Germain, 1998, Sustaining Satisfatory Joint-Venture Relationship: The Role of Conflict Resolution Strategy, Journal of International Business Studies, 29, (First Quarter), pp.179-196.
- Liu, H e K Park, 1999, How Important is Marketing in China Today to Sino-Foreign Joint Ventures? European Management Journal, Vol.17, N° 5, pp.546-554.
- Luo, Yadong, 1997, Guanxi and Performance of Foreign-invested Enterprises in China: An Empirical Inquiry, Management International Review, 37 (1), pp.51-70.
- Luo, Yadong, 1999, Time-Based Experience and International Expansion: The Case of an Emerging Economy, Journal of Management Studies, 36, pp.505-534.
- McGuiness, Norman, Nigel Campbell e James Leontiades, 1991, Selling Machinery to China: Chinese Perceptions of Strategies and Relationships, Journal of International Business Studies, Second Quarter, pp.187-207.
- McKinseyQuarterly, 2004, China Today, Special Edition.
- Michael, David, 2004, Opportunity or Threat? Global Firms Must Learn to Leverage China in China Report: Studies in Operations and Strategy, Knowledge Wharton, www.knowledge.wharton.upenn.edu
- OCDE, 2002, China and the World Economy. The Domestic Policy Challenges, www.oecd.org
- Ohmae, Kenichi, 1995, The End of The Nation State, The Rise of Regional Economies, The Free Press, New York.
- Özsomer, Aysegü e Gregory E. Prussia, 2000, Competing Perspectives in International Marketing Strategy: Contingency and Process Models, Journal of International Marketing, Vol. 8, N° 1, pp. 27-50.
- Paliwoda, Stanley, 1993, International Marketing 2nd, Oxford: Butterworth-Heinemann Asia.
- Panitchpakdi, S. e M.L, Clifford, 2002, China and the WTO, Changing China Changing World Trade, John Wiley & Sons (Asia) Pte ltd.
- Peng, Mike, W. e Peggy S. Heath, 1996, The Growth of the Firm in Planned Economies in Transition: Institutions, Organizations and Strategic Choice, Academy of Management Review, N° 21, (2), pp.492-528.
- Porter, Michael E., 1986, Changing Patterns of Internationalization Competition, California Management Review, 28 (2), pp.9-40.
- Porter, Michael E., 1990, The Competitive Advantage of Nations, Macmillan, London
- Pothukuchi, V., F. Damanpour, J. Choi, C.C. Chen e S. H. Park, 2002, National and Organizational Culture Differences and International Joint Venture Performance, Journal of International Business Studies, 33, pp.243-265.
- Qian, Yingyi e Jinglian Wu, 1999, China's Transition to a Market Economy: How Far Across the River Conference on Policy Reform (CEDPR), Stanford University, November 18-20.
- Richter, Frank-Jürgen, 1999, Business Networks in Asia, Promises, Doubts and Perspectives, Westport, Quorum Books.
- Roath, A.S., S.R. Miller e S.T. Cavusgil, 2002, A Conceptual Framework of Relational Governance in Foreign Distributor Relationships, International Business Review, 11, pp.1-16.
- Sin, Leo Y. M, Alan C. B. Tse, Oliver H. M. Yau, Jenny S. Y. Lee, Raymond Chow e Lorett B. Y. Lau, 2000, Market Orientation and Business Performance: An Empirical Study in Mainland China, Journal of Global Marketing, Vol.14, (3), pp.5-29.
- Skarmeas Dionisis, Constantine S. Katsikeas e Bodo B. Schlegelmilch, 2002, Divers of Commitment and its Impact on Performance in Cross-Cultural Buyer-Seller Relationships: The Importers Perspective, Journal of International Business Studies, Vol.33, N° 4, pp.757-783.
- Solberg, Carl Arthur, 2000, Educator Insights: Standardization or Adaptation of the International Marketing Mix: The Role of the Local Subsidiary/Representative, Journal of International Marketing, Vol. 8, N° 1, pp. 78-98.
- Szymanski, David M., Sundar G. Bharadwaj e P. Rajan Varadarajan, 1993, Standardization versus Adaptation of International Marketing Strategy: An Empirical Investigation, Journal of Marketing, Vol. 57, N° 4, pp.1-17.
- Terpstra, Vern e Ravi Sarathy, 1994, International Marketing 6th, Orlando: The Dryden Press.
- Theodosiou, Marios e Leonidas C. Leonidou, 2003, Standardization versus Adaptation of International Marketing Strategy: An Integrative Assessment of the Empirical Research, International Business Review, 12, pp.141-171.
- U.S. Department of State, February 2002, Country Reports on Economic Policy and Trade Practices 2001, Bureau of Economic and Business Affairs.
- Wang, Chen-Lu, Zhen-Xiong Chen, Allan K.K. Chan e Zong-Cheng Zheng, 2000, The Influence of Hedonic Values on Consumer Behaviors: An Empirical Investigation in China, Journal of Global Marketing, Vol. 14, N° 1/2, pp.169-183.

- White, Steven e Xielin Liu, 2002, Networks and Incentives in Transition: A Multilevel Analysis of China's Pharmaceutical Industry, INSEAD, Working Papers Series, 48/ABA, pp.1-47.
- Yau, Oliver, H.M., 1994, Consumer Behavior in China, Customer Satisfaction and Cultural Values, Routledge.
- Yeung, H. Wai-Chung, 1997, Transnational Corporations from Asian Developing countries: Their Characteristics and Competitive Edge, in Strategic Management, in a Global Economy, Wortzel, H.V. and L. H. Wortzel, John Wiley and Sons, Inc., pp.22-45.
- Zhao, Hongxin e Zhaoming Zou, 2002, The Impact of Industry Concentration and Firm Location on Export Propensity and Intensity: An Empirical Analysis of Chinese Manufacturing Firms, Journal of International Marketing, Vol. 10, N° 1, pp.52-71.

Capítulo VIII
Factores que Condicionam o Comportamento Estratégico das Empresas Portuguesas no Mercado Chinês

8.1 - Oportunidades, Dificuldades e Riscos para as Empresas Portuguesas no Mercado Chinês

A investigação realizada, permite concluir que existe um vasto espectro de oportunidades na China para as empresas portuguesas, embora as dificuldades e os riscos sejam também consideráveis e aconselhem uma aprofundada preparação por parte das empresas, antes de realizarem uma aproximação profissionalizada a este mercado. Nomeadamente, referimos como principais oportunidades as seguintes:

- Deslocar parte da sua cadeia de valor para a China. A integração de valor na China via subcontratação ou IDE permitirá às empresas portuguesas baixar os preços suficientemente para terem uma diferença competitiva nos mercados interno e internacional.

Isto pode ser feito num largo número de sectores tais como: têxteis, mármores e granito, calçado, componentes eléctricos, moldes de plástico, ferramentas, etc. O preço a pagar por não aproveitar esta oportunidade, é permitir às empresas concorrentes das empresas portuguesas, construírem na China, importantes bases de operações para fornecer os seus clientes em todo o mundo, transformando-se numa terrível ameaça.

- Exportar para o mercado interno chinês. As importações estão sobretudo concentradas em matérias primas, componentes, equipamentos e tecnologia necessária para modernizar a China. No entanto as importações de bens de consumo têm aumentado nos últimos anos, embora de uma forma controlada, mas o acordo de adesão à OMC forçará a China a abrir o seu mercado interno progressivamente aos exportadores estrangeiros em praticamente todos os sectores até ao fim de 2006.

Considerando 20% da população chinesa como consumidora, estamos a falar de 260 milhões de pessoas, mas a estrutura do mercado é em forma de pirâmide com um grande segmento com baixo poder de compra, uma pequena classe média e um segmento de elevado poder de compra muito pequeno.

Este segmento de elevado poder de compra embora diminuto (cerca de 5 a 9% da população) é de qualquer forma muito significativo com cerca de 65 a 117 milhões de pessoas que compram produtos importados e podem comprar a maioria dos bens de consumo, são orientados pelas marcas, estão habituados a uma vasta escolha no mercado, esperam constantemente novos produtos e têm pouca lealdade às marcas o que torna o mercado muito competitivo.

Este tipo de consumidores vive sobretudo em Beijing, Shanghai, Guangzhou e Shenzhen, nestas cidades as marcas globais e chinesas têm já uma presença importante, a concorrência ali faz-se pela diferenciação da oferta e o sucesso depende também do uso da comunicação *"push-and-pull"*, infra-estruturas e tácticas de distribuição e inovação de novos produtos.

- Utilizar a China como uma plataforma exportadora. De uma base de produção na China as empresas portuguesas poderão fornecer compradores em todo o mundo, para além dos seus clientes habituais poderão entrar com vantagens competitivas em novos mercados como os asiáticos, nomeadamente, tirando partido de acordos multilaterais AFTA e CEPA que a China subscreveu e que reforçam o seu papel como plataforma exportadora.

- Transferência de tecnologia através do IDE. Cerca de 90% das importações de tecnologia nos últimos anos foram registadas em quatro áreas principais; tecnologia de produção integrada de computadores, telecomunicações, tecnologia aeroespacial e tecnologia micro electrónica, e as FIEs têm servido como importantes veículos para transferir esta tecnologia.

Na transferência de tecnologia e nas vendas de equipamentos, o pacote financeiro e o sistema *"barter"* emergem como os factores mais importantes na construção do relacionamento com o cliente, e a transferência de tecnologia com sucesso é acompanhada por relacionamentos saudáveis proporcionando interacções efectivas.

Mas as empresas portuguesas devem considerar a existência de dificuldades e riscos:

- As principais dificuldades são: mercado fragmentado, infra-estruturas de mercado pobres, principalmente distribuição, e alta competição. A distribuição é um dos aspectos mais difíceis para vender no mercado chinês, mas espera-se que em 2006, o mercado de consumo seja finalmente aberto aos estrangeiros e o consumidor chinês possa ter uma escolha crescente de produtos estrangeiros e o sector de distribuição seja também bastante alargado com o investimento estrangeiro em canais de distribuição.

- Os riscos a serem previstos pelas empresas portuguesas são: falta de transparência do meio envolvente político ou legal, não conhecimento das regras dos jogos que os estrangeiros querem que os estrangeiros joguem, dificuldade em terem "*guanxi*", dificuldade em entenderem os parceiros locais devido à distância cultural, com falta de eficácia e também apesar dos esforços do governo a corrupção e o desrespeito pelos direitos de propriedade intelectual continuam a ser factores condicionantes significativos do investimento e ao comércio. Espera-se que os compromissos com os regulamentos da OMC diminua as características de alto risco do meio envolvente económico chinês.

8.2 - Factores que Condicionam o Comportamento Estratégico das Empresas Portuguesas na China

Inquirimos nesta pesquisa quais as dificuldades mais importantes encontradas pelas empresas portuguesas no mercado chinês, dificuldades relacionadas com os factores ambientais externos e internos que condicionam o seu comportamento estratégico na China.

Analisando os factores ambientais externos ou do meio envolvente, concluímos que as empresas tendem a concordar que adaptarem-se aos problemas de distância cultural e aos problemas de diferentes práticas e éticas de negócio são importantes, mas a mais importante dificuldade é encontrar informação fidedigna ver Fig.8.1.

Fig.8.1 - Principais Factores Condicionantes do Meio Envolvente Chinês

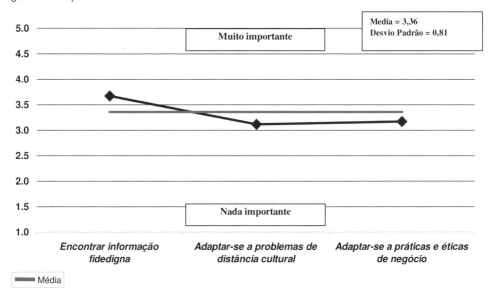

Considerando as conclusões acima, podemos dizer que a falta de informação fidedigna sobre o mercado a que se junta o fraco conhecimento experimental já

concluído no Cap. V são causas para um processo de decisão errado, Cavusgil 1990, das empresas portuguesas no mercado chinês, influenciando a estratégia e os resultados das empresas nesse mercado.

A falta de experiência e a falta de informação, vão impedir que as empresas formulem uma entrada estratégica no mercado, levando-as a tentar uma aproximação oportunistíca de vendas.

Outros importantes factores condicionantes que as empresas portuguesas enfrentam no mercado chinês é adaptarem-se aos problemas de distância cultural e às práticas e éticas de negócio, uma vez que, o sucesso estratégico depende da compreensão da cultura do país anfitrião que os gestores deverão aprender e absorver, Bradley, 2002.

Analisamos também, quais as dificuldades de gestão encontradas pelas empresas portuguesas com escritórios ou fábricas na China, derivadas de factores do meio envolvente chinês, inquirimos qual a percepção que essas empresas tinham dessas dificuldades e concluímos que de facto as empresas têm a percepção que alguns desses factores dificultam a sua gestão na China, vindo os principais constrangimentos de factores como, leis e regulamentos pouco claros e infra-estruturas de marketing pobres, ver Fig.8.2, o que é consistente com a caracterização feita do meio envolvente chinês.

Fig.8.2 - Principais Dificuldades de Gestão na China, Resultantes do Meio Envolvente Chinês

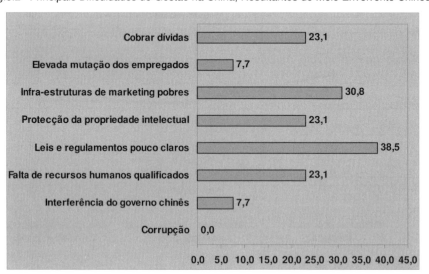

Mas existem também factores ambientais internos, inerentes às próprias empresas como os seus recursos, o conhecimento e experiência no mercado, gestão e controlo das actividades no mercado, apoio do governo local e do governo anfitrião, vantagens competitivas próprias.

Da análise feita concluímos que as empresas portuguesas presentes na China consideram que têm nitidamente vantagens específicas próprias, como a qualidade e diversificação dos seus produtos, mas têm uma condicionante muito grande que é a sua incapacidade de desenvolver canais de distribuição, de uma forma geral, as empresas consideram que as vantagens próprias que possuem na China são pequenas, ver Fig. 8.3.

Fig.8.3 - Principais Factores Específicos das Empresas Portuguesas que Condicionam a Estratégia na China

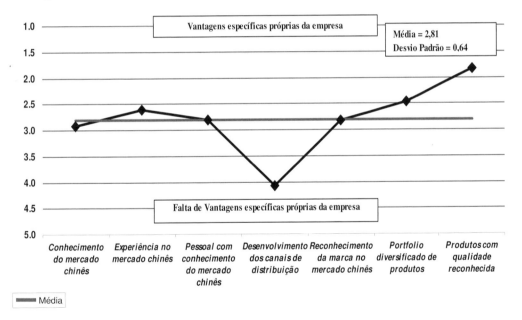

Ao aprofundar estes factores analisamos quais as dificuldades específicas das empresas que mais condicionam o seu comportamento estratégico, tais como atingir os padrões de qualidade exigidos pelo mercado, o domínio das capacidades de gestão de marketing ou a falta de apoio do governo português.

Concluímos de uma forma consensual, que a dificuldade mais importante é a falta de apoio do governo português, devemos relacionar esta conclusão com a não satisfação com esse apoio e com as sugestões dadas para que ele seja mais eficaz referidas atrás, como por exemplo, o reforço das relações diplomáticas, mais suporte logístico, mais informação e maior promoção da imagem e dos produtos portugueses, ver Fig. 8.4.

Fig.8.4 - Mais Importantes Dificuldades Específicas das Empresas Portuguesas no Mercado Chinês

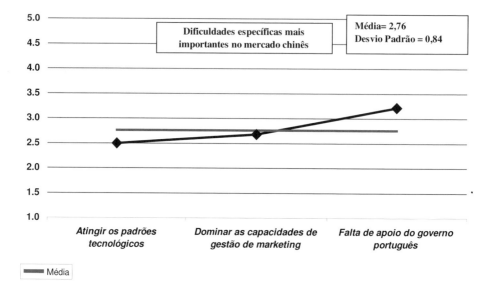

Analisamos também, se as empresas portuguesas têm vantagens competitivas locais na China, uma vez que estas vantagens ou a sua ausência também são factores que condicionam o comportamento estratégico de uma empresa no mercado.

De uma maneira geral as empresas portuguesas que têm operações na China consideram que têm vantagens competitivas locais. No entanto, podemos concluir que a principal vantagem que as empresas percepcionam é a facilidade de distribuir os produtos feitos na China no mercado chinês.

Isto parece uma contradição com o principal factor específico das empresas portuguesas que condiciona a estratégia na China, que foi identificado como sendo a dificuldade em desenvolver os canais de distribuição, mas não é, porque como vimos, na análise do meio envolvente de negócios chinês, a China dificulta por procedimentos administrativos as importações e a distribuição dessas importações, mas torna-se mais cooperante com as empresas que investem na China, permitindo a distribuição de parte dessa produção no mercado interno.

O atingir os padrões tecnológicos na China, não pode ser considerada uma vantagem, das empresas portuguesas na China e as empresas também concordam fortemente que a falta de apoio do governo chinês é outro factor condicionante da sua estratégia no mercado chinês, ver Fig. 8.5.

Fig.8.5 - Percepção das Vantagens Competitivas Locais das Empresas Portuguesas com Operações na China

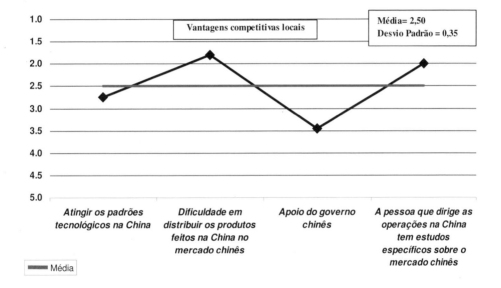

Os erros feitos pelas empresas portuguesas no lançamento da sua presença na China condicionam a gestão futura das operações dessas empresas no mercado chinês. As empresas portuguesas com escritórios na China têm a percepção que os erros cometidos na fase da sua instalação na China, nomeadamente, a escolha de parceiros na China e o subestimarem a concorrência, condicionam a sua gestão no mercado chinês, ver Fig.8.6.

Fig.8.6 - Percepção dos Principais Erros no Lançamento da Presença na China

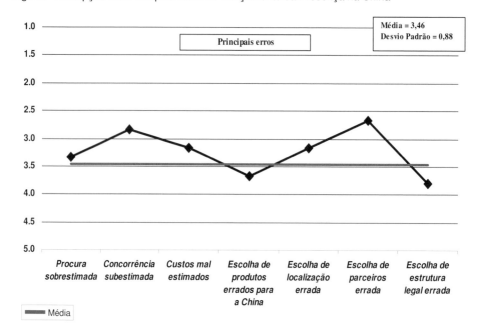

8.3 - Controlo da Gestão das Empresas Portuguesas com Investimentos na China.

O controlo de gestão é particularmente importante no caso da China onde o modo de entrada foi durante todos estes anos de política de "*Reforma* e *Porta Aberta*", orientado pelo governo chinês para IDE, na forma de "*joint-ventures*" e pode ter repercussões nas estratégias de marketing seguidas por essas "*joint-ventures*", na medida em que determina até que ponto, o parceiro chinês pode manipular o produto, preço, distribuição e promoção ou praticar uma estratégia de standardização ou localização.

Os trabalhos de Ding, 1997, concluíram que o controlo de gestão tem um impacto positivo no desempenho das "*joint-ventures*". Sabe-se também que a semelhança cultural é um factor importante na minimização de conflitos entre os parceiros das "*joint-ventures*", Lin e Germain, 1998.

Estes conflitos são provocados por diferentes e incompatíveis práticas de negócio e de gestão nas rotinas operacionais, mas também por diferente visão estratégica e expectativas entre os parceiros da "*joint-venture*". Diferentes culturas organizacionais dos parceiros mas também diferenças entre as culturas nacionais entre o país de origem e o país anfitrião podem prejudicar os resultados das "*joint-ventures*", Ding 1997.

Assim existe uma dificuldade objectiva em gerir o negócio (sobretudo à distância) e o relacionamento pessoal quando existem gestores de diferentes culturas, Tallman e Shenkar, 1994, e o desempenho pode ser afectado por conflitos entre parceiros e esses conflitos podem acontecer facilmente se não se praticar um sistema de controlo de gestão bem estruturado.

Por controlo da gestão internacional refere-se a necessidade da empresa influenciar os sistemas, métodos e decisões num determinado mercado estrangeiro, isto quer dizer, autoridade para influenciar ou dirigir actividades ou operações no estrangeiro, sejam elas decisões operacionais ou estratégicas, Hill, Hwang e Kim, 1990.

O controlo de gestão internacional tem sido definido como o processo através do qual os interesses da empresa mãe são protegidos numa "*joint-venture*", a maneira como uma parte influencia a vários níveis o comportamento e actividades da outra parte, através do uso de poder autoritário e um largo número de mecanismos burocráticos, culturais e informais, Ding 1997, Vanhonacker e Pan, 1997.

O controlo de gestão nas "*joint-ventures*" pode ser conseguido de uma forma dura através de uma maioria de capital, o que pode não ser ainda possível em alguns sectores de actividade na China, ou de uma maneira mais suave através da gestão, tecnologia ou marketing.

Consideramos portanto importante analisar a percepção das empresas portuguesas com investimentos na China sobre a forma como exercem o controlo de gestão das suas operações naquele país.

De uma forma geral podemos concluir que essas empresas têm a percepção que exercem um efectivo controlo de gestão, com 91,7% das empresas a considerar, que existe um relacionamento pessoal e directo, entre os gestores na China e a administração em Portugal e 83,3% dessas empresas a confirmar a participação, dos gestores dos seus escritórios na China, no processo de negociações com o governo chinês, Fig.8.7 e Fig.8.8.

Fig.8.7 - Percepção do Relacionamento entre a Gestão na China e a Administração em Portugal

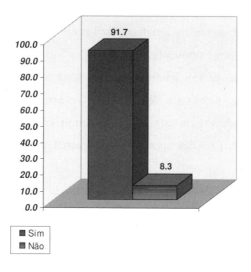

Fig.8.8 - Participação dos Escritórios na China no Processo de Negociações com o Governo Chinês

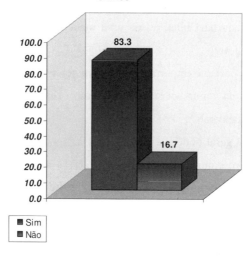

Na análise ao questionário feito, foi possível concluir que a maioria das empresas, 76,9%, concordam ou concordam fortemente que os seus escritórios na China têm um controlo substancial no estabelecimento da estratégia da empresa na China e cerca de 83,4% das empresas têm a percepção que a direcção da empresa em Portugal está bem informada das actividades da empresa na China, pelo que o controlo de gestão não pode ser considerado um factor que condiciona o desempenho das empresas portuguesas com investimentos na China, no entanto devemos lembrar que este problema, é particularmente importante no caso das *"joint-ventures"* e que a percentagem de empresas portuguesas com este tipo de empresa naquele mercado é muito pequena (cerca de 31% das empresas com investimentos na China).

Bibliografia

- Bradley, Frank, 2002, International Marketing Strategy 4th, FT Prentice Hall.
- Cavusgil, S. Tamer e Hans B. Thorelli, 1990, International Marketing Strategy 3rd, Oxford: Pergamon.
- Ding, Daniel Z., 1997, Control, Conflict, and Performance: A Study of U.S.-Chinese Joint Ventures, Journal of International Marketing, Vol. 5, Nº 3, pp.31-45.
- Hill, Charles W.L., Peter Hwang e W. C. Kim, 1990, An Eclectic Theory of the Choice of International Entry Mode, Strategic Management Journal, Vol. II, pp.117-128.
- Ilhéu, Fernanda, 2005, "Opportunities and Obstacles for Portuguese Companies in Chinese Market: Constraining Factors of Portuguese Companies Strategic Behavior in China, Tese de Doutoramento, Universidade de Sevilha.
- Lin, Xiaohua e Richard Germain, 1998, Sustaining Satisfatory Joint-Venture Relationship: The Role of Conflict Resolution Strategy, Journal of International Business Studies, 29, (First Quarter), pp.179-196.
- Tallman, S. e O. Shenkar, 1994, A Managerial Decision Model of International Cooperative Venture Formation, Journal of International Business Studies, Fist Quarter, pp.91-113.
- Vanhonaker, W. e Y. Pan, 1997, The Impact of National Culture, Business Scope, and Geographic Location on Joint -Venture Operations in China, Journal of International Marketing, Vol. 5 (3), pp.11-30.

Capítulo IX
Desempenho e Satisfação das Empresas Portuguesas no Mercado Chinês e Intenções de Investimento Futuro

9.1 - Percepção do Sucesso e Satisfação das Empresas Portuguesas na China

Para conhecer o desempenho das empresas portuguesas na China analisamos a percepção dos critérios económicos de evolução da quota de mercado e crescimento do volume de vendas assim como da evolução do retorno do investimento e competitividade e critérios não económicos tais como percepção e razões para o sucesso no mercado chinês. Uma medida comum que decidimos também utilizar é baseada no grau de satisfação subjectiva do gestor com o desempenho em geral do negócio da empresa no mercado chinês, Dunning, 1988, Luo 1997, Luo e Peng, 1998, Katsikeas, Leonidou e Morgan, 2000.

Ao medir o desempenho percebido em vez do desempenho de per si, estamos a analisar o grau em que o desempenho alcançou os níveis desejados da empresa no mercado chinês. Os académicos sugerem que as medidas de percepção deverão ser utilizadas quando as empresas têm dificuldade em obter medidas financeiras objectivas, Brouthers e Xu, 2002.

A empresa considera que tem sucesso se o desempenho é melhor do que ou igual ao desempenho esperado e considera insucesso se o desempenho está abaixo das expectativas, Lages e Lages, 2004.

A satisfação é função do desempenho e é uma variável psicológica que avalia a eficácia de um programa de marketing em termos do seu desempenho em geral. Neste caso o grau de satisfação é dada pela percepção das empresas da melhoria do seu desempenho no mercado chinês.

Concluímos que as empresas tendem a considerar que a evolução do seu desempenho nos últimos 3 a 5 anos na China é pequena em qualquer dos critérios económicos utilizados, e analisando cada um dos critérios de per si verificamos que o critério onde as empresas mostram mais satisfação é *"evolução da competitividade"*, seguido por *"evolução do volume de vendas"* e o critério *"evolução do ROI"* é o menos satisfatório o que quer dizer que o investimento que as empresas estão a realizar não está a ser compensado pelo retorno monetário das vendas que estão a ser feitas no mercado, ver Fig.9.1.

Fig.9.1 - Percepção da Evolução do Desempenho

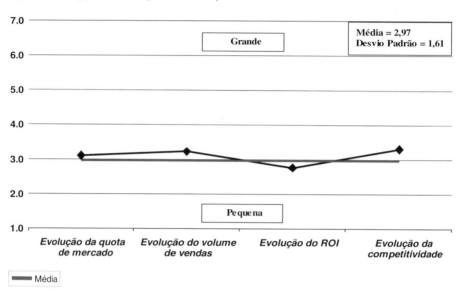

Verificamos que para as empresas portuguesas com escritórios na China existe uma forte e significativa correlação entre a percepção de desempenho e a escolha de parceiros no mercado chinês e uma fraca correlação entre a percepção de desempenho e a concorrência subestimada. Verificamos também que existia uma correlação entre leis e regulamentos pouco claros na China e percepção de desempenho das empresas portuguesas no mercado.

Apesar de todos os factores condicionantes que analisamos e do desempenho das empresas portuguesas na China ser pequeno, quando analisamos a percepção das empresas portuguesas sobre o seu sucesso no mercado chinês baseada em critérios subjectivos, nomeadamente, quando perguntamos "*Considera que a sua empresa obteve sucesso no mercado chinês*" concluímos que cerca de 52,2% das empresas na amostra considera que tem muito sucesso ou sucesso no mercado chinês e que 39,1 % responde que tem sucesso embora pouco, Fig.9.2.

Fig.9.2 - Percepção do Sucesso no Mercado Chinês (%)

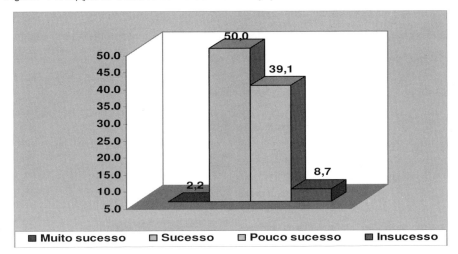

Verificamos também que as empresas que consideram que têm sucesso ou muito sucesso são as que notoriamente também consideram que têm um melhor desempenho no mercado chinês, como aliás seria de esperar, legitimamos esta conclusão com a realização de testes estatísticos que nos mostram uma intensa correlação entre a percepção de desempenho e a percepção de sucesso.

A percepção subjectiva de sucesso é baseada nas expectativas da empresa no mercado e estas estão relacionadas com os objectivos da empresa nesse mercado e como vimos os objectivos das empresas da amostra no mercado chinês eram principalmente ganhar quota de mercado e crescer via diversificação.

Como vimos o objectivo ROI, que é um critério económico importante e abrangente para analisar o desempenho num mercado estrangeiro foi referido como objectivo apenas por 16% das empresas na amostra. Para atingir este objectivo a empresa pode fazê-lo através do aumento do lucro ou diminuição do investimento, para aumentar lucro têm de aumentar o volume de vendas ou diminuir despesas, numa fase de lançamento das empresas portuguesas na China a diminuição do investimento ou das despesas correntes fazem pouco sentido e portanto objectivos de ROI deverão ser alcançados pelo aumento do volume de vendas.

Nesta fase as empresas portuguesas demonstram com os seus objectivos que não têm expectativa de retornos monetários a curto prazo e que estão mais preocupadas em investir na construção do aumento da quota de mercado.

Quisemos também conhecer a percepção que as empresas portuguesas têm da razão do seu sucesso no mercado chinês e concluímos que as principais razões que as empresas consideram são tecnologia de ponta e qualidade superior (40%) e o estatuto de "velho" amigo entre os chineses (28,6%), ver Fig.9.3.

Fig.9.3 – Percepção das Principais Razões de Sucesso (%)

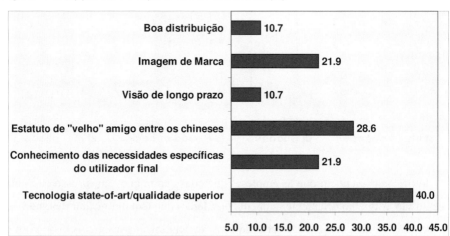

Concluímos também que existe uma correlação significativa entre a percepção de desempenho e a percepção dos factores cruciais de sucesso na China, ver Quadro 9.1.

Quadro 9.1 - Correlação entre a Percepção de Desempenho e a Percepção dos Factores Cruciais de Sucesso na China

		Percepção do desempenho	Percepção dos factores cruciais de sucesso na China
Percepção do desempenho	Pearson Correlation	1	.381(*)
	Sig. (2-tailed)	.	.038
	N	37	30
Percepção dos factores cruciais de sucesso na China	Pearson Correlation	.381(*)	1
	Sig. (2-tailed)	.038	.
	N	30	40

* Correlação é significativa ao nível 0.05 (2-tailed).

O grau de satisfação é dado pela percepção da melhoria do desempenho no mercado chinês, mas o grau de satisfação depende fundamentalmente das expectativas para o desempenho no mercado e por isso questionamos as empresas da amostra em que medida estavam satisfeitas com o seu desempenho no mercado chinês vis-à-vis as suas expectativas. Concluímos que somente 13% das empresas não estavam satisfeitas com o seu desempenho no mercado chinês e 31% consideraram o desempenho abaixo da expectativa mas ainda assim aceitável, 45% consideraram que o seu desempenho estava em consonância com as suas expectativas o que era satisfatório e 11% afirmaram que o seu desempenho superava as expectativas, portanto a maioria (56%) das empresas estão satisfeitas com o seu desempenho, ver Fig.9.4.

Fig.9.4 – Satisfação com o Desempenho no Mercado Chinês

Nesta amostra 44% das respostas indicaram que o desempenho da sua empresa na China não era satisfatório ou estava abaixo das suas expectativas, num estudo semelhante realizado para as empresas europeias (15 países da UE) pela Fiducia em 1999, este número era 53% e somente 9% se consideraram com mais sucesso do que o esperado, esta conclusão é muito semelhante à encontrada para as empresas portuguesas.

9.2 – Razões do Investimento das Empresas Portuguesas na China e Intenções Futuras

As razões que explicam o investimento das empresas portuguesas na China, de acordo com as respostas das empresas, que já têm escritórios neste país, são razões orientadas pelo mercado fundamentalmente de estratégia global, 69%, e de entrada e penetração do mercado chinês 61%, apenas 7,7% dos inquiridos explica o seu investimento para baixar custos de produção, ver Fig.9.5.

Fig.9.5 – Razões do Investimento na China

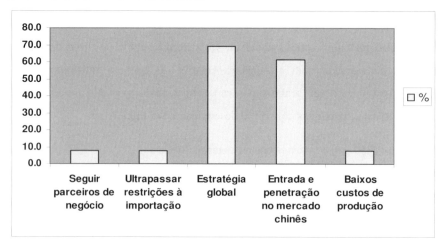

A satisfação pode levar-nos a compreender se as empresas tencionam continuar a comprometer-se com o mercado chinês, porque os gestores que estão satisfeitos com as suas actividades no mercado, independentemente do seu volume de vendas ou do lucro, têm mais probabilidade de continuar a trabalhar o mercado, a satisfação actua como um estímulo para posteriores compromissos, Lages e Montgomery, 2004.

Foram inquiridas as empresas portuguesas na amostra que têm escritórios na China, sobre as suas intenções de aumentar o investimento neste mercado e concluímos que 70% destas empresas têm intenção de o fazer, ver Fig.9.6.

Fig.9.6 - Intenção de Aumentar o Investimento na China

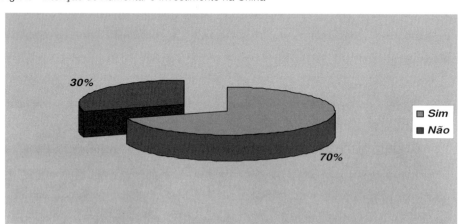

Averiguamos se existia uma diferença de planos para aumentar os investimentos na China entre as empresas satisfeitas com o seu desempenho e as outras e concluímos que a grande maioria das empresas queria aumentar o seu investimento ali, mesmo nos casos em que não estavam satisfeitas com o desenvolvimento da sua presença no mercado chinês.

Neste caso a satisfação com o desempenho, não é por si só, um factor explicativo da decisão de aumentar o investimento, o que parece estar subjacente a esta decisão é o facto das empresas portuguesas verem a China como um projecto de longo prazo, onde não se espera resultados e retornos imediatos, o que como vimos é uma visão corroborada por outras empresas da UE.

Bibliografia

- Brouthers, Lance Eliot, e Kefeng Xu, 2002, Product Stereotypes, Strategy and Performance Satisfaction: The Case of Chinese Exporters, Journal of International Business Studies, Vol.33, Nº 4, pp.657-677.
- Dunning, J. H., 1988, The Eclectic Paradigm of International Production, a Restatement and Some Possible Extensions, Journal of International Business Studies, Spring, pp.1-31.
- Fiducia Confidential Survey, 1999, June, Success and Failure European Investment in China, Fiducia Hongkong.
- Ilhéu, Fernanda, 2005, "Opportunities and Obstacles for Portuguese Companies in Chinese Market: Constraining Factors of Portuguese Companies Strategic Behavior in China, Tese de Doutoramento, Universidade de Sevilha.
- Katsikeas, Constantine S, Leonidas C. Leonidou e Neil Morgan, 2000, Firm-Level Export Performance Assessment: Review, Evaluation and Development, Journal of the Academy of Marketing Science, 28, (4), 493-511.
- Lages, Luis Filipe e Cristiana Raquel Lages, 2004, The STEP Scale: A Measure of Short-Term Performance Improvement, Journal of International Marketing, Vol. 12, Nº 1, 2004, pp.36-56.
- Lages, Luis Filipe e David B. Montgomery, 2004, Export Performance as an Antecedent of Export Commitment and Marketing Strategy Adaptation: Evidence from Small and Medium Sized Exporters, European Journal of Marketing, Vol. 38 (9/10), pp.1186-1214.
- Luo, Yadong, 1997, Guanxi and Performance of Foreign-invested Enterprises in China: An Empirical Inquiry, Management International Review, 37 (1), pp.51-70.
- Luo, Yadong e Mike W. Peng, 1998, First Mover Advantage in Investing in Transitional Economies, Thunderbird International Business Review, 40 (2), pp.141-163.

Capítulo X
Para um Maior Compromisso das Empresas Portuguesas com o Mercado Chinês

10.1 - Conclusões da Análise

Existe um vasto espectro de oportunidades na China que as empresas portuguesas devem conhecer e equacionar nas suas estratégias, nomeadamente: deslocalizar parte da sua cadeia de valor para a China, exportar para o mercado interno chinês, utilizar a China como uma plataforma exportadora e transferência de tecnologia através do IDE.

No entanto, existem dificuldades e riscos que terão que ser considerados, as principais dificuldades são mercado fragmentado, alta competição e infra-estruturas pobres de marketing, principalmente distribuição.

Os principais riscos a prever são falta de transparência do meio envolvente político ou legal, não conhecimento das regras dos jogos que os estrangeiros querem que os estrangeiros joguem, dificuldade em terem "*guanxi*", dificuldade em entenderem os parceiros locais devido à distância cultural, com falta de eficácia e também apesar dos esforços do governo a corrupção e o desrespeito pelos direitos de propriedade intelectual.

Espera-se que os compromissos com os regulamentos da OMC diminuam as características de alto risco do meio envolvente económico chinês.

As empresas portuguesas têm estímulos externos para escolher o mercado chinês. O mais importante e consensual estímulo externo para escolher o mercado chinês é a expansão do mercado. No entanto, também podemos concluir que as empresas portuguesas não valorizam a utilização da China como plataforma exportadora.

Também as razões mais importantes para as empresas portuguesas investirem na China são razões do mercado, nomeadamente, estratégia global 69%, e entrada e penetração no mercado chinês 61%.

De uma maneira geral as empresas portuguesas não têm estímulos internos para escolher o mercado chinês. O único estímulo interno que as empresas portuguesas consideram para escolher o mercado chinês é expectativa de aumentar a sua rendibilidade.

Concluímos também que as empresas portuguesas não estão ainda a considerar importante a integração da China nas suas cadeias de valor, o que é uma outra oportunidade que estão a perder.

As empresas portuguesas têm um forte consenso de que devido aos condicionalismos específicos do meio envolvente de negócios na China, o apoio do governo é importante para entrar no mercado chinês e que esse apoio, assim como, os incentivos oferecidos, pelo governo português, não são satisfatórios.

Encontramos uma correlação negativa na intensidade e na direcção do relacionamento entre a percepção da importância do apoio do governo e a satisfação com o apoio do governo português, quer dizer quanto mais alta a percepção mais baixa a satisfação.

Também analisando o apoio do governo português por categoria de apoios e cruzando isso com o grau de satisfação por cada categoria de apoio, concluímos que aqueles apoios que as empresas portuguesas consideram muito importantes não são satisfatórios.

Devido ao meio envolvente específico do mercado chinês, à grande distância geográfica e cultural, a aproximação de longo prazo necessário para realizar negócios na China, à dificuldade em obter informação actualizada e encontrar os parceiros certos, as empresas portuguesas necessitam de mais apoio e assistência do governo português para escolher e penetrar no mercado chinês.

As empresas consideram que a disponibilidade de informação, incentivos às empresas portuguesas, actividades promocionais, mais apoio logístico na China e linhas de crédito, são os apoios do governo mais importantes para entrar no mercado chinês.

Pensamos, quando formulamos as nossas hipóteses de investigação que a presença portuguesa em Macau, podia ser um estímulo interno para as empresas portuguesas escolherem o mercado chinês, mas concluímos, que a percepção das empresas portuguesas é que Macau é uma porta de entrada menos importante que Hong Kong e ainda menos importante que a rede dos chineses ultramarinos em geral, então não podemos concluir que Macau possa ser considerada um suporte, um estímulo, para escolher e entrar no mercado.

Resumidamente podemos afirmar que as empresas portuguesas têm um estímulo para escolher o mercado chinês, que é aumento da rendibilidade, mas têm dois factores condicionantes que são, a não existência de incentivos às empresas portuguesas e a não satisfação com outro tipos de apoios do governo português, então, em geral elas não têm estímulos internos para escolher o mercado chinês.

Podemos concluir que os factores mais importantes que condicionam a escolha do mercado chinês são a falta de incentivos às empresas portuguesas e o grau de satisfação com o apoio do governo português.

As empresas portuguesas têm em geral um compromisso muito pequeno no mercado chinês, só 25% das empresas da amostra, têm um escritório na China, e 72% das empresas, fazem menos que 5% do seu volume de vendas na China. Por outro lado 61% dos escritórios das empresas portuguesas na China, são escritórios de representação comercial, o que é a forma legal com menos compromisso na China, 8% das empresas inquiridas, estão presentes na China somente com IDE em fábricas, e 31%, estão presentes, quer com fábricas, quer com escritórios de representação.

Destes investimentos 15% são feitos sob a forma de WFOEs e 31% têm a forma jurídica de JVs, 30,7% são escritórios de representação de bancos, sendo os restantes, presenças em escritórios de agentes.

Existe um forte consenso por parte das empresas portuguesas de que a disponibilidade de informação sobre o mercado chinês não é suficiente, no entanto as empresas demonstram que têm uma percepção correcta da importância do mercado, dos factores cruciais de sucesso e da filosofia de negócios na China.

A obtenção de informação credível e actualizada é especialmente difícil e requer a realização de estudos de mercado na China o que é consistente com algumas sugestões de apoio do governo português.

As empresas portuguesas têm percepções correctas sobre a importância do mercado chinês, na medida em que sabem, que está a crescer muito rapidamente, que de uma maneira geral tem uma dimensão significativa no negócio mundial para o seu tipo de produtos e para o seu sector de actividade, mas não está a tornar-se importante no portefolio de negócios da sua empresa.

Verificamos também que têm uma correcta percepção dos factores cruciais de sucesso, identificando como factores mais importantes para o sucesso o conhecimento das necessidades específicas do consumidor final, a tecnologia de ponta e qualidade superior e o estatuto de *velho amigo* junto das entidades chinesas o confirma o seu conhecimento objectivo do mercado.

De referir que a filosofia das empresas portuguesas para a China é orientação pelo longo prazo, exposição de risco médio e preferência por "*joint-ventures*" o que é uma filosofia apropriada com o meio envolvente de negócios na China.

Analisando o grau de intensidade e diversidade da experiência das empresas portugueses no mercado chinês verificamos que têm uma experiência no mercado média, limitada e pouco diversificada, muito concentrada na actividade de exportação directa e isso é outro factor que condiciona o seu compromisso com o mercado.

Esta conclusão é consistente com o grau de compromisso das empresas portuguesas na China já demonstrada, de facto as empresas portuguesas escolhem o mercado chinês sobretudo por razões de mercado (86%) e basicamente querem expandir a sua presença no mercado chinês via exportação directa (63,5%), ora nós concluímos pela investigação empírica que realizamos, que na maioria dos negócios o modo de entrada na China durante todos estes anos têm sido através de IDE.

Podemos dizer que a experiência das empresas portuguesas na China, embora exista, não é suficiente para escolher o modo de entrada apropriado e a diversidade de experiência que têm, é um factor que condiciona o seu compromisso no mercado chinês.

Concluímos assim que a falta de informação e a falta de conhecimento experimental são os factores que condicionam um maior compromisso das empresas portuguesas no mercado chinês.

Os factores do meio envolvente mais importantes que condicionam o comportamento estratégico das empresas portuguesas no mercado chinês são encontrar informação fidedigna e adaptar-se aos problemas de distância cultural e às práticas e ética de negócios na China.

Considerando estas conclusões, podemos dizer que a falta de informação adequada do mercado a que se junta o fraco e insuficiente conhecimento experimental, também já identificado, são causas para a tomada de decisões erradas, Cavusgil e Thorelli, 1990.

O sucesso de uma empresa no estrangeiro é afectado pela adaptação a diferentes factores condicionantes do meio envolvente, uma vez que eles impedem o desempenho das empresas de uma forma apropriada e implicam alguma limitação da sua actividade normalmente de uma forma negativa, influenciando a estratégia e os resultados das empresas no mercado.

A falta de conhecimento experimental das empresas portuguesas no mercado chinês, a que se acresce a mencionada falta de informação, não permite uma definição correcta de um modo de entrada estratégico, levando a que seja ensaiada uma aproximação de vendas oportunística.

Adaptar-se aos problemas de distância cultural e às práticas e ética de negócios na China, são outros factores condicionantes do meio envolvente chinês identificados pelas empresas portuguesas como limitativos de um comportamento estratégico de sucesso no mercado chinês.

O sucesso estratégico depende da compreensão da cultura e os gestores das empresas devem apreender, absorver e adaptar-se às características do país anfitrião onde vão trabalhar e negociar, Bradley, 2002.

Estudos culturais devem incluir estudos da distância cultural entre Portugal e a China, identificando obstáculos para o sucesso causados pelo Critério de Referência Própria dos gestores na tomada de decisões da estratégia de "*marketing-mix*", Cateora, 1993, Bradley, 2002.

As vantagens específicas próprias das empresas portuguesas na China são muito pequenas, e são a diversificação de produtos e a qualidade reconhecida e o principal factor específico condicionante de um comportamento estratégico de sucesso das empresas portuguesas no mercado chinês, é o desenvolvimento dos canais de distribuição na China.

As empresas portuguesas têm dificuldades importantes na China. Atingir os standards tecnológicos não é uma dificuldade tão importante como dominar as capacidades de gestão de marketing, mas a dificuldade mais importante é a falta de apoio do governo português no mercado chinês. Devido à complexidade da macro envolvente de negócios na China, as empresas portuguesas requerem mais apoio e assistência do governo português para entrar e conseguir uma posição estratégica naquele mercado, do que normalmente necessitam noutros mercados.

As empresas portuguesas esperam que o governo português reforce o seu apoio na China, nomeadamente, numa acção coordenada com as empresas portuguesas junto das instituições chinesas para entrar no mercado chinês.

O reforço da acção da diplomacia económica na China, o estabelecimento dos canais de relacionamento com os empresários chineses, a realização de estudos de mercado com um ênfase particular nos canais de distribuição, a promoção da imagem das empresas portuguesas na China, a abertura de centros portugueses de negócios em Beijing, Shanghai e Guangzhou, a oferta de pacotes financeiros competitivos são algumas das sugestões que recolhemos junto dos empresários portugueses.

Assim a falta de apoio do governo português é um importante factor que condiciona o comportamento estratégico das empresas portuguesas no mercado chinês.

As empresas portuguesas com escritórios na China tendem a concordar que em geral elas têm vantagens competitivas locais. Mas analisando cada variável de per si concluímos que atingir os standards tecnológicos não pode ser considerado uma vantagem competitiva local e podemos também dizer que a falta de apoio do governo chinês pode ser considerado um factor que condiciona o comportamento estratégico das empresas portuguesas no mercado chinês.

A vantagem competitiva mais importante internalizada pelas empresas portuguesas que investem na China é a facilidade de distribuir os produtos feitos na China no mercado chinês.

Isto parece uma contradição com o que antes foi afirmado sobre os canais de distribuição, mas não é, porque vimos já que a China dificulta através de procedimentos administrativos, as importações e a distribuição dos produtos importados, mas pretende cooperar mais com as empresas que investem na China, permitindo a sua distribuição no mercado interno.

As empresas portuguesas consideram que o "*network*" de negócios dos chineses ultramarinos é uma boa aproximação à entrada no mercado chinês. Os relacionamentos que esta aproximação proporciona podem complementar as capacidades específicas das empresas e tornar possível o seu estabelecimento na China, particularmente no caso das PMEs. Pelo facto de reduzir os custos de transacção, as barreiras à entrada, a falta de activos estratégicos esta solução pode encorajar o IDE na China.

Estes "*networks*" podem ser utilizados para obter apoio logístico local, informação sobre o mercado, assistência técnica para suportar a expansão no mercado e para ganhar economias de escala e âmbito.

Quando uma empresa fortalece o seu relacionamento com os seus parceiros chineses do "*network*", ganha conhecimento acerca do meio envolvente chinês e isso proporciona novas oportunidades. No negócio internacional, o conhecimento fornece vantagens particulares que facilitam a entrada num mercado estrangeiro, Knight e Cavusgil, 2004. Mas apesar das empresas portuguesas terem uma percepção correcta da importância do "*network*" chinês para entrar no mercado chinês somente 28% das empresas portuguesas com investimento na China escolheram os seus parceiros através do "*network*" dos chineses ultramarinos em Portugal, Macau, Hong Kong ou em outros locais.

O mercado chinês tem sido identificado como um mercado estratégico, mas com elevadas barreiras à entrada não somente pelas suas limitações ao comércio e investimento estrangeiro mas também pela sua distância geográfica, cultural e linguística, e como vimos num mercado com estas características recomenda-se uma aproximação incremental por forma a fortalecer as necessárias capacidades e conhecimentos.

Nesta situação as empresas devem primeiro entrar num mercado "*porta de entrada*", que permita à empresa aprender a entrar e a gerir no mercado escolhido, Govindarajan e Gupta, 2001, concluímos que as empresas portuguesas consideram que é importante utilizar Hong Kong e Macau como mercados "*porta de entrada*", mas Hong Kong é considerado o melhor mercado "*porta de entrada*" para o mercado chinês.

Erros, tais como, escolha de parceiros e competição subestimada, feitos pelas empresas portuguesas quando estão a lançar a sua presença na China, são importantes factores que condicionam a gestão das empresas portuguesas no mercado chinês.

As empresas portuguesas consideram também que certas dificuldades do meio envolvente de negócios na China, tais como, leis e regulamentos pouco claros e infra-estruturas pobres de marketing são importantes factores que condicionam a gestão das empresas portuguesas no mercado chinês.

Outra conclusão importante deste estudo é que as empresas portuguesas tendem a considerar que a evolução do seu desempenho na China é pequena, qualquer que seja o critério económico utilizado.

Analisando cada um dos critérios de per si concluímos que "*evolução da competitividade*" é o critério onde as empresas mostram maior satisfação, seguido por "*evolução do volume de vendas*" e a "*evolução do ROI*" é o critério económico de menor satisfação, o que quer dizer que o investimento que as empresas estão a realizar não está a ser compensado pelas vendas efectuadas no mercado. Mas lembre-se que o ROI, que é um importante e abrangente critério económico para analisar o desempenho num mercado externo, é somente o objectivo de 16% das empresas na amostra.

Podemos assim dizer que o principal objectivo das empresas portuguesas no mercado chinês, é ganhar quota de mercado e crescimento diversificado, o que é consistente com a sua filosofia de visão de longo prazo para o mercado.

A empresa considera que tem sucesso num mercado se o desempenho é melhor ou igual ao desempenho esperado e considera insucesso se o desempenho está abaixo das expectativas. Assim, a percepção subjectiva de sucesso é baseada nas expectativas no mercado e portanto é função dos objectivos que as empresas estudadas tinham para o mercado chinês.

Concluímos que cerca de 52,2% destas empresas consideram que têm muito sucesso ou sucesso no mercado chinês e cerca de 39% consideram que têm sucesso embora pequeno, e aquelas que consideram que têm sucesso ou muito sucesso são aquelas que destacadamente consideram, que têm um melhor desempenho no mercado.

Existe também uma correlação positiva significativa entre a percepção de desempenho e a percepção dos factores cruciais de sucesso na China e de que as principais razões para o sucesso das empresas portuguesas na China são tecnologia de ponta e qualidade superior (40%) e o estatuto de "*velho amigo*" entre os chineses (28%), o que coincide com as conclusões sobre os factores cruciais de sucesso na China.

Existe uma forte e significativa correlação entre a percepção de desempenho e a escolha de parceiros para as empresas portuguesas que têm escritórios na China e uma fraca correlação entre a percepção de desempenho e a competição subestimada.

Concluímos também que existe uma correlação entre leis e regulamentos pouco claros e a percepção de desempenho.

Cerca de 45% das empresas portuguesas considera que o seu desempenho iguala as suas expectativas as quais são satisfatórias e 11% considera mesmo que o seu desempenho é melhor do que o esperado.

Nesta amostra temos 44% das empresas a considerar que o seu desempenho da sua empresa está abaixo das suas expectativas, em pesquisa semelhante sobre o desempenho das empresas europeias pela empresa de consultoria, Fiducia, 1999, esta percentagem foi de 53% e somente 9% das empresas consideraram ter mais sucesso do que o esperado, existe portanto uma grande similitude entre a percepção de desempenho das empresas portuguesas e o das outras empresas europeias, no mercado chinês.

A satisfação foi proposta como uma função do desempenho e é uma variável psicológica que avalia a eficácia do programa de marketing em termos do seu desempenho total. O grau de satisfação é dado pela percepção da empresa da melhoria do seu desempenho no mercado chinês, mas o grau de satisfação depende sobretudo das suas expectativas de desempenho no mercado.

Embora as empresas portuguesas tenham a percepção que alguns factores identificados condicionam o seu comportamento estratégico no mercado chinês, a maioria das empresas (56%) estão apesar disso satisfeitas com o seu desempenho na China.

Não existe qualquer relação entre ter um escritório na China e a satisfação com o desempenho no mercado chinês.

Por outro lado cerca de 70% das empresas portuguesas com escritório na China têm intenções de aumentar o seu investimento na China, mesmo em muitos casos, quando não estão satisfeitos com o desenvolvimento da sua presença ali.

Assim a satisfação com o desempenho no mercado chinês não explica a decisão de aumentar o investimento e não podemos considerar que a satisfação é um estimulo interno para um maior compromisso na China.

Resumidamente podemos concluir que os factores que condicionam a percepção do desempenho das empresas portuguesas no mercado chinês são: escolha de parceiros, leis e regulamentos pouco claros e menos relevantes, mas ainda importantes, são: a competição subestimada, factores do meio envolvente de negócios na China, e a disponibilidade de informação.

10.2 - Contributos para uma Maior Presença das Empresas Portuguesas na China

As empresas portuguesas deverão olhar para o largo espectro de oportunidades que a China oferece às empresas estrangeiras e não apostar apenas no mercado chinês para exportar numa aproximação de vendas oportunistíca, sendo necessário estudar e aplicar uma estratégia de abordagem e penetração do mercado chinês a longo prazo.

Um largo número de sectores tais como têxteis, mármores e granito, calçado, componentes eléctricos, moldes de plástico, ferramentas, terão benefícios se integrarem parte a sua cadeia de valor na China, esta estratégia permitir-lhes-á baixar os custos suficientemente para serem competitivos no seu mercado interno e internacional.

As empresas portuguesas deverão também considerar a oportunidade de utilizar a China como plataforma exportadora, o que lhes dará dimensão e músculo que elas necessitam desesperadamente para enfrentar a globalização e poder entrar no mercado interno chinês.

As empresas deverão concentrar os seus esforços de exportação nos produtos e serviços que a China quer adquirir ao estrangeiro, nomeadamente, matérias primas, componentes, equipamentos e tecnologia necessária para a modernização da China.

Na transferência de tecnologia e venda de equipamentos, o sistema de financiamento e o sistema de pagamentos *"barter"*, emergiram como os factores mais importantes nas construção de um relacionamento com o cliente e os gestores não poderão esquecer de que geralmente na China, uma transferência de tecnologia com sucesso, é acompanhada por saudáveis relações pessoais (*guanxi*).

Nos bens de consumo as empresas portuguesas são aconselhadas a escolher primeiro como mercados alvo, as cidades de Beijing, Shanghai, Guangzhou e Shenzhen, focando o segmento de alto poder de compra, os consumidores destes segmentos, estão a comprar produtos importados, podem comprar a maioria dos bens de consumo, são orientados pelas marcas, estão acostumados a ter muitas ofertas disponíveis no mercado para escolher, constantemente esperam novos produtos, e têm pouca lealdade às marcas, o que torna o mercado muito competitivo.

A oferta de produtos diferenciados está a tornar-se cada vez mais importante nestas cidades e o sucesso dependerá do uso de estratégias de comunicação "*push-and--pull*" infra-estruturas e tácticas de distribuição e inovação de produtos.

As empresas portuguesas deverão em muitos casos, ter de investir na construção de canais de distribuição para os seus produtos, uma vez que nas conclusões desta investigação identificamos o desenvolvimento dos canais de distribuição como um dos principais factores condicionantes do comportamento estratégico de marketing das empresas portuguesas no mercado chinês.

As empresas portuguesas deverão ter presente que o modo de entrada na China tem sido e em alguns casos, ainda é através do IDE e não pela via das exportações, mas que o acordo com a OMC obrigará a China a deixar que os estrangeiros invistam em sectores até agora reservados às empresas chinesas como distribuição, nomeadamente, actividade grossista e retalhista, telecomunicações, banca, etc., o que permitirá o desenvolvimento de novas linhas de negócio e as empresas portuguesas deverão estar atentas às oportunidades que essa abertura vai proporcionar.

De qualquer forma para evitar dificuldades levantadas pelas autoridades chinesas através de barreiras administrativas às importações e à distribuição de importações, as empresas portuguesas devem lembrar-se que essas autoridades estão dispostas a ser mais cooperantes com as empresas que investem na China, facilitando em princípio a distribuição dos produtos fabricados na China.

Gostaríamos de recomendar uma cooperação estreita entre as empresas portuguesas e o governo português na aproximação ao governo chinês e na definição de uma entrada estratégica ali.

Devido ao complexo meio envolvente de negócios na China, as empresas portuguesas requerem mais apoio e assistência do governo português para definir e desenvolver uma entrada estratégica neste mercado, também num sentido lato a acção diplomática do governo português junto do governo chinês é muito importante acompanhando as actividades das empresas portuguesas na China, considerando que o governo chinês têm ainda um papel muito interventor na economia e na decisão de muitas empresas chinesas.

As conclusões do estudo, nomeadamente, as sugestões recebidas do sector empresarial permitem recomendar que em estreita cooperação entre as empresas portuguesas e o governo português deveriam ser desenvolvidas acções de:

1. Sensibilização para as oportunidades e obstáculos para as empresas portuguesas na China e para os factores de sucesso cruciais no mercado chinês.
2. Divulgação de informação actualizada e credível sobre a envolvente de negócios na China.
3. Incentivos para as empresas portuguesas escolherem e aumentarem o seu compromisso com o mercado chinês.
4. Estudos de mercado para identificar as reais oportunidades e potencial da China para os sectores mais relevantes da economia portuguesa. Permitindo a definição de um modo de entrada estratégico que possa substituir a aproximação oportunística do mercado e garantir um posicionamento de sucesso para as empresas portuguesas no mercado. Um ênfase especial deverá ser dado ao estudo dos canais de distribuição às estratégias dos concorrentes e à identificação de parceiros.
5. Reforço dos canais de relacionamento diplomático com o governo chinês e importantes empresas chinesas para apoiar as empresas portuguesas e os seus projectos na China.
6. Promoção da imagem de Portugal, das suas empresas e marcas na China.
7. Reforço do apoio logístico na China através da acção de Centros de Negócio Portugueses em Beijing, Shanghai e Guangzhou.
8. Oferta de pacotes financeiros competitivos apoiando os negócios das empresas portuguesas na China.
9. Abertura de canais de relacionamento com empresários chineses.
10. Organização de missões comerciais, conferências e seminários.
11. Consultoria jurídica sobre o sistema legal chinês nos assuntos relacionados com o comércio e investimento.

Recomendamos que as empresas portuguesas considerem a utilização dos seus contactos com a rede dos chineses ultramarinos em Hong Kong, Macau, Portugal ou em outros locais na aproximação ao mercado chinês, o que permitirá ganhar conhecimento sobre o mercado, obter informação, reduzir custos de transacção, ter acesso a activos estratégicos, obter apoio logístico, obter "*guanxi*", assistência às suas operações na China e obter economias de escala e âmbito de negócios.

Para ultrapassar o distanciamento cultural e linguístico as empresas portuguesas deveriam considerar a utilização de mercados mais ocidentalizados como Hong Kong, Macau, Taiwan para entrar na China numa estratégia de passo a passo ao mercado chinês. Além disso, se operarem em Macau e Hong Kong como empresas locais poderão beneficiar das facilidades do acordo CEPA para entrar no mercado chinês.

A China é muito grande, o mercado é fragmentado e uma só província é normalmente maior que um grande país da UE, devido à dimensão PME da maioria das empresas portuguesas é aconselhável concentrar esforços numa província chinesa ou em algumas províncias onde se possam esperar algumas condições mais favoráveis, obtidas por exemplo, pelo relacionamento com o "*network*" dos chineses ultramarinos, em Portugal, em Macau, em Hong Kong ou em outro local.

As empresas portuguesas deverão perceber que a persistência empresarial é um pré-requisito para competir com sucesso na China, e têm que aprender com os seus erros no mercado chinês e mudar a sua estratégia sempre que necessário.

Sucesso na competição num país tão grande, distante e com um meio envolvente tão ambíguo como é o mercado chinês, não resulta normalmente de uma só decisão, este mercado requer uma atenção permanente e elevada flexibilidade uma vez que outra das suas características é uma mudança muito rápida, tudo está em permanente evolução e as estratégias têm de ser adaptadas, é um exercício de permanente aprendizagem/adaptação.

Particularmente selectiva deve ser a escolha de gestores para trabalhar no meio envolvente chinês, para além de boas qualificações profissionais e experiência internacional, são necessárias particulares características comportamentais, como por exemplo, resistência a um meio envolvente hostil, determinação e persistência, habilidade para tolerar ambiguidade e frustração, e uma mente aberta a culturas diferentes e eventualmente simpatia pela cultura chinesa.

Uma vez que o sucesso estratégico depende da compreensão da cultura, gostaríamos de recomendar que esses gestores deverão estudar a língua e a cultura chinesa para minimizar a distância cultural.

As empresas portuguesas deverão diversificar as suas actividades no mercado chinês e ao mesmo tempo melhorar o seu posicionamento no mercado internacional através do controlo dos canais de distribuição e do reconhecimento internacional das suas marcas, esta estratégia irá progressivamente alargar o âmbito das oportunidades das empresas portuguesas na economia global. A nossa necessidade de maior compromisso com a China pode ser um motor de integração das empresas portuguesas na economia global no futuro.

Bibliografia

- Bradley, Frank, 2002, International Marketing Strategy 4th, FT Prentice Hall.Bradley, 2002.
- Cateora, Philip R., 1993, International Marketing 8th, International Student Edition, Series in Marketing, Irwin, Boston.
- Cavusgil, S. Tamer e Hans B. Thorelli, 1990, International Marketing Strategy 3rd, Oxford: Pergamon.
- Fiducia Confidential Survey, 1999, June, Success and Failure European Investment in China, Fiducia Hongkong.
- Govindarajan, V. e A. Gupta, 2001, The Quest for Global Dominance, Jossey Bass.
- Ilhéu, Fernanda, 2005, "Opportunities and Obstacles for Portuguese Companies in Chinese Market: Constraining Factors of Portuguese Companies Strategic Behavior in China, Tese de Doutoramento, Universidade de Sevilha.
- Knight, A.Gary e S. Tamar Cavusgil, 2004, Innovation, Organizational Capabilities, and the Born-Global Firm, Journal of International Business Studies, Online Publication 8 January, pp.124-141.

ANEXO I

Hipóteses

1º Grupo de Hipóteses - Factores Condicionantes

H1: A falta de estímulos externos condiciona a escolha do mercado chinês por parte das empresas portuguesas.
H2: A falta de estímulos internos condiciona a escolha do mercado chinês por parte das empresas portuguesas.
H3: A falta conhecimento - conhecimento objectivo (H3a), e conhecimento experimental (H3b), condiciona o compromisso das empresas portuguesas com o mercado chinês.
H4: O marketing estratégico das empresas portuguesas no mercado chinês está condicionado pela falta de informação exacta, pelo problema da distância cultural, pelas práticas de negócio e diferenças éticas.
H5: O marketing estratégico das empresas portuguesas no mercado chinês está condicionado por: falta de vantagens e recursos específicos da própria empresa (H5a); dificuldades específicas da empresa tais como alcançar "standards" tecnológicos, dominar os conhecimentos da gestão de marketing e falta de apoio do governo português (H5b); falta de vantagens competitivas locais (H5c).
H6: Falta de percepção da importância do "network" de negócios dos chineses ultramarinos, condiciona a estratégia de marketing de entrada das empresas portuguesas no mercado chinês.
H7: Falta de percepção da importância de utilizar um mercado "porta de entrada" na sua aproximação ao mercado chinês, condiciona a estratégia de marketing de entrada das empresas portuguesas no mercado chinês.
H8: Erros no lançamento da sua presença na China, condicionam a gestão das empresas portuguesas no mercado chinês.
H9: As dificuldades do meio envolvente chinês condicionam a gestão das empresas portuguesas no mercado chinês.
H10: Falta de controlo da sede das operações na China condiciona a gestão das empresas portuguesas no mercado chinês.

2º Grupo de Hipóteses – Desempenho e Satisfação

H11: A percepção do desempenho aumenta quando as empresas têm menos factores condicionantes do meio envolvente.
H12: A percepção do desempenho aumenta quando as empresas têm menos factores condicionantes próprios das empresas.
H13: A satisfação com o desempenho aumenta quando as empresas estão mais comprometidas com o mercado chinês tendo um escritório ali.
H14: A satisfação com o desempenho é um estímulo para continuar o compromisso com mercado chinês.

ANEXO II

QUESTIONÁRIO

Nome da Empresa _____
Sector de actividade_____
Morada_____Fax_____Tel_____
E-mail_____
Nome do inquirido _____
Posição na Empresa _____

I - Caracterização da Empresa
Por favor assinale com uma cruz a sua escolha:

1. Como classifica a sua Empresa?
   - A. Pequena ❏
        Média ❏
        Grande ❏

   - B. Doméstica* ❏
        Internacional** ❏
        Global*** *l* ❏

*Doméstica (sem exportações)
**Internacional (exportações com estratégia adaptada para cada mercado externo)
***Global (estratégia global)

2. Há quantos **anos** trabalham no **mercado internacional**?
   - A. Menos de 1 ano ❏
   - B. 1 a 3 anos ❏
   - C. 3 a 5 anos ❏
   - D. Mais de 5 anos ❏

3. Qual é a **percentagem do mercado internacional** no total do volume de negócios da sua Empresa?

< 5% (1)	5 a 10 % (2)	10 a 50% (3)	> 50% (4)

4. Que **operações internacionais** realizam? (Pode escolher mais que uma opção)

A.	Importação	directa	❏
		indirecta	❏
B.	Exportação	directa	❏
		indirecta	❏
C.	Industria	subcontratação	❏
		produção	❏
D.	Licenciamento		❏
E.	Investimento	100 % capital	❏
		joint-venture	❏
		fusões e aquisições	❏
		concurso internacional	❏
F.	Construção	contratação local	❏
		construção, exploração e transferência	❏
G.	Outras *Other*		❏

5. Quais as **Regiões do Mundo** em que a sua Empresa realiza negócios e qual o seu grau de importância?

	Nada importante (1)	Pouco importante (2)	Importante (3)	Bastante importante (4)	Muito importante (5)
A) União Europeia					
B) Países da Europa de Leste					
C) África					
D) América do Norte					
E) América do Sul					
F) Ásia					

6. **No mercado internacional** classifique as vantagens competitivas da sua Empresa

	Nada importante (1)	Pouco importante (2)	Importante (3)	Bastante importante (4)	Muito importante (5)
A) Imagem de alta qualidade					
B) Custos mais baixos					
C) Elevada tecnologia					
D) Patentes					
E) Alta liquidez					
F) Conhecimentos de marketing internacional					
G) Mão-de-obra qualificada					
H) Marca reconhecida					
I) Controlo dos canais de distribuição					

II - Desempenho no Mercado Chinês

Por favor assinale com uma cruz a sua escolha:

7. Para a sua Empresa qual a importância das seguintes **razões para** querer **trabalhar o mercado Chinês**?

	Nada importante (1)	Pouco importante (2)	Importante (3)	Bastante importante (4)	Muito importante (5)
A) Pedidos recebidos da China					
B) Mercado interno saturado					
C) Maior rentabilidade					
D) Garantir fontes de fornecimento					
E) Esvaziar a concorrência					
F) Diversificação do produto					
G) Mercado interno Chinês					
H) Plataforma exportadora					
I) Expansão do Mercado					

8. Qual é a vossa **filosofia de negócios para a China** para cada uma das seguintes opções (A,B,C,D)?

   A. Visão de curto prazo ❑
      Visão de longo prazo ❑

   B. 100 % capital ❑
      Joint-venture ❑

   C. Adaptação completa ❑
      Actuar como agente de mudança ❑

   D. Exposição ao risco   alta ❑
                           média ❑
                           pequena ❑

9. Quais são os vossos **objectivos para o mercado Chinês**? (escolha **apenas** os 2 mais importantes)

   A. Quota de mercado ❑
   B. Retorno do investimento ❑
   C. Período de pagamento ❑
   D. Estratégia de crescimento   integração vertical ❑
                                  integração horizontal ❑
                                  diversificação ❑

10. Há quantos **anos** trabalham no **mercado Chinês**?
    A. Menos de 1 ano ❑
    B. 1 a 3 anos ❑
    C. 3 a 5 anos ❑
    D. Mais de 5 anos ❑

11. Por favor descreva as principais **actividades** que a sua Empresa realiza no **mercado chinês**

    _____
    _____
    _____
    _____

12. O que é que sua Empresa considera crucial para ter **sucesso** no **desenvolvimento de negócios na China**?

	Não importante (1)	Importante (2)	Crucial (3)
A) Alta tecnologia e qualidade superior			
B) Conhecimento das necessidades especificas do utilizador final?			
C) Estatuto de amizade com gestores e funcionários chineses			
D) Baixo preço			
E) Flexibilidade nos pagamentos/financiamentos			

13. Em que medida está **satisfeito** com o desempenho da sua Empresa **no mercado chinês**?

    Não satisfeito ❑
    Abaixo da expectativa, mas aceitável ❑
    Como esperado ❑
    Melhor do que o esperado ❑

14. Qual é a **percentagem do mercado Chinês** no total do volume de negócios da sua Empresa?

< 5% (1)	5 a 10 % (2)	10 a 50% (3)	> 50% (4)

15. Classifique o nível de importância das **dificuldades** que têm encontrado **no mercado chinês:**

	Nada importante (1)	Pouco importante (2)	Importante (3)	Bastante importante (4)	Muito importante (5)
A) Encontrar informação exacta					
B) Ajustar-se ás diferenças culturais					
C) Ajustar-se ás práticas e éticas do negócio					
D) Alcançar os standards tecnológicos					
E) Dominar os conhecimentos da gestão marketing					
F) Falta de apoios do Governo Português					

16. Classifique por grau de importância os seguintes **apoios governamentais** para entrar no mercado chinês:

	Nada importante (1)	Pouco importante (2)	Importante (3)	Bastante importante (4)	Muito importante (5)
A) Disponibilidade informação					
B) Disponibilidade de linhas de crédito					
C) Oferta de financiamento a longo prazo ao Governo *Chinês*					
D) Incentivos ás empresas Portuguesas					
E) Actividades promocionais					
F) Maior apoio logístico na China					

17. Por favor dê abertamente as suas **sugestões sobre outros apoios governamentais** que considere importantes

18. Por favor dê a **sua opinião** sobre os seguintes aspectos:

	Concordo fortemente (1)	Concordo (2)	Neutro (3)	Discordo (4)	Discordo fortemente (5)
A) A China é um mercado com uma dimensão significativa para os nossos produtos					
B) O mercado chinês para o nosso negócio está a crescer muito rapidamente					
C) O mercado chinês é insignificante para a nossa Empresa					
D) O mercado chinês está a tornar-se muito importante no portfolio de negócios da nossa Empresa					
E) A nossa Empresa conhece bem o mercado chinês					
F) A nossa Empresa tem experiência no mercado chinês.					
G) Macau é uma importante porta de entrada no mercado chinês					
H) Hong Kong é uma importante porta de entrada no mercado chinês					
I) A rede dos chineses ultramarinos (Macau, Hong Kong, Portugal, outros locais) é uma boa aproximação à entrada no mercado chinês					
J) Na nossa Empresa existem pessoas com bom conhecimento do mercado chinês					
L) O desenvolvimento de canais de distribuição é um problema importante na China					
M) A nossa marca é reconhecida na China					
N) Temos uma carteira de produtos diversificada					
O) Os nossos produtos tem qualidade reconhecida					
P) As técnicas ocidentais de marketing são efectivas na China					

19. Em que medida considera que os **apoios governamentais existentes** para entrar no mercado chinês são **satisfatórios**?

	Nada satisfatórios (1)	Pouco satisfatórios (2)	Satisfatórios (3)	Bastante satisfatórios (4)	Muito satisfatórios (5)
A) Disponibilidade informação					
B) Disponibilidade de linhas de crédito					
C) Oferta de financiamento a longo prazo ao Governo *Chinês*					
D) Incentivos ás empresas Portuguesas					
E) Actividades promocionais					
F) Maior apoio logístico na China					

20. Como evoluiu o **desempenho da sua Empresa no mercado chinês** nos últimos 3 a 5 anos nos indicadores seguintes? Por favor utilize uma escala de 1 a 7, em que 1 é pouco e 7 é muito.

	1					7
A. Evolução da quota de mercado						
B. Evolução do Volume de Vendas						
C. Evolução do Retorno do Investimento						
D. Evolução da competitividade						

21. Em que medida considera que a sua Empresa **obteve sucesso no mercado chinês**?

Muito sucesso (1)	Sucesso (2)	Pouco sucesso (3)	Nenhum sucesso (4)

22. Quais são as principais **razões do sucesso** da vossa Empresa **no mercado chinês**?

_____

_____

_____

_____

_____

23 Quais são as principais **razões do insucesso** da vossa Empresa **no mercado chinês**?

_____

_____

_____

_____

24. A sua empresa tem **um escritório na China**?

        Sim ❑   Não ❑

Se sim por favor continue a responder ao questionário, se não muito obrigada pela sua colaboração

III– Gestão no mercado chinês.

25. O **Escritório** da sua empresa na China é uma?

    1. Representação comercial   ❑
    2. Unidade de produção   ❑
    3. Ambas   ❑

26. Que **forma legal** tem?

    WFOE   Joint-Venture   Outra
    ❑   ❑   ❑

27. Quais as **razões** do vosso **investimento na China**?

    1. Seguir parceiros de negócio   ❑
    2. Ultrapassar restrições à importação   ❑
    3. Estratégia global   ❑
    4. Entrada e penetração no mercado chinês   ❑
    5. Custos baixos de produção   ❑

28 Qual o número de **empregados** que a vossa Empresa tem **na China**?

    Expatriados: _____

    Locais : _____

29. O vosso escritório na China tem um **controlo substancial** no planeamento da vossa estratégia no mercado chinês?

    1. Concordo fortemente (1) ☐

    2. Concordo (2) ☐

    3. Neutro (3) ☐

    4. Discordo (4) ☐

    5. Discordo fortemente (5) ☐

30. O vosso Director na China tem **ligações directas** com a Administração em Portugal?

    Sim ☐   Não ☐

31. O vosso escritório na China **acompanha** todas as negociações no mercado chinês?

    Sim ☐   Não ☐

32. O vosso Conselho de Administração está **bem informado** acerca das actividades e esforço da vossa empresa na China.

    Concordo fortemente (1) ☐

    Concordo (2) ☐

    Neutro (3) ☐

    Discordo (4) ☐

    Discordo fortemente (5) ☐

33. Como **escolheu os seus parceiros** na China?

    1. Rede de chineses ultramarinos em Portugal ☐

    2. Rede de chineses ultramarinos em Macau ☐

    3. Rede de chineses ultramarinos em outro local ☐

    4. Por recomendação do governo chinês ☐

    5. Por apresentação do Icep ☐

    6. Por apresentação da Câmara de Comércio ☐

    7. Outros ☐

34. Os **maiores erros** que cometemos durante a fase de preparação do investimento na China foram os seguintes:

	Concorda fortemente (1)	Concorda (2)	Neutro (3)	Discorda (4)	Discorda fortemente (5)
A) Estudo de mercado: procura potencial sobreestimada					
B) Estudo de mercado: concorrência subestimada					
C) Custos mal calculados					
D) Escolha dos produtos errados					
E) Escolha da localização errada					
F) Escolha dos parceiros errada					
G) Escolha da estrutura legal errada.					

35. Por favor dê a sua **opinião** sobre os seguintes aspectos:

	Concordo fortemente (1)	Concordo (2)	Neutro (3)	Discordo (4)	Discordo fortemente (5)
A) A tecnologia que utilizamos na China é muito *avançada*					
B) Temos dificuldade em distribuir os produtos fabricados na China, no mercado chinês					
C) Temos o apoio do governo Chinês					
D) O nosso responsável pela operação China tem formação específica sobre o mercado Chinês					

36. Indique as **maiores dificuldades** da vossa operação na China:

    1. Receber dívidas ❑
    2. Alta mutação de empregados ❑
    3. Infra-estrutura de marketing pobre ❑
    4. Protecção da propriedade industrial ❑
    5. Leis e regulamentos pouco claros ❑
    6. Falta de recursos humanos qualificados ❑
    7. Interferência do governo chinês ❑
    8. Corrupção ❑

37. Tenciona **aumentar o investimento** na China?
    Sim ❑   Não ❑

Muito obrigada pela sua colaboração, todas as suas respostas são confidenciais e serão apenas utilizadas para a investigação referida na carta junta.

ANEXO III

Resultados da Verificação das Hipóteses

1º Grupo de Hipóteses - Factores Condicionantes

Hipóteses	Resultado	Conclusões
H1	Rejeitada	
H2	Não rejeitada	Falta de incentivos às empresas portuguesas. Grau de satisfação como o apoio do governo português.
H3a	Rejeitada	Disponibilidade de informação.
H3b	Não rejeitada	Diversidade de experiência no mercado.
H4	Não rejeitada	1-Encontrar informação actualizada. 2-Adaptar-se às práticas e éticas de negócio. 3-Adaptar-se ao problema da distância cultural. Desenvolvimento dos canais de distribuição.
H5a	Rejeitada	
H5b	Não rejeitada	Falta da apoio do governo português.
H5c	Rejeitada	Falta de apoio do governo chinês.
H6	Rejeitada	
H7	Rejeitada	Macau é neutro. Escolha de parceiros
H8	Não rejeitada ou aceite	Competição subestimada.
H9	Não rejeitada	Leis e regulamentos pouco claros. Infra-estruturas de marketing pobres.
H10	Rejeitada	

2º Grupo de Hipóteses - Desempenho e Satisfação

Hipóteses	Resultado	Conclusões
H11	Não rejeitada	A percepção do desempenho aumenta quando as empresas têm menos factores condicionantes do meio envolvente.
H12	Não rejeitada	A percepção do desempenho aumenta quando as empresas têm menos factores condicionantes próprios das empresas.
H13	Rejeitada	Não existe relacionamento entre ter um escritório na China e a satisfação com o desempenho no mercado chinês.
H14	Rejeitada	A satisfação com o desempenho não explica a decisão de aumentar o investimento na China.